ORACIONES ESTRATÉGICAS PARA TUS MILAGROS

Oraciones Estratégicas Para Tus Milagros

Derechos de Autor © 2018 Dr. Abraham Peters - Todos los derechos reservados.

Ninguna parte de este libro puede ser reproducida, almacenada en un sistema de recuperación o transmitida por ningún medio (electrónico, mecánico, fotocopia, registro u otro) sin el permiso por escrito del autor.

Toda la correspondencia a:
abrahampeters@rocketmail.com

ORACIONES ESTRATÉGICAS PARA TUS MILAGROS

Yo Decreto y Declaro Oraciones Poderosas y Estratégicas de Guerra Espiritual Resultados Sobrenaturales y Milagros para la Victoria

DR. ABRAHAM PETERS
(Apostol Profeta)

Así, pues, orad: Padre nuestro que estás en los cielos, santificado sea tu nombre.

Venga tu reino, hágase tu voluntad en la tierra, como en el cielo.

Danos hoy nuestro pan de cada día.

Y perdónanos nuestras deudas, como también nosotros perdonamos a nuestros deudores.

Y no nos metas en tentación, mas líbranos del mal; porque tuyo es el reino, y el poder, y la gloria, para siempre. Amén.

Mateo 6:9-13

DEDICACIÓN

Enrique y Nancy Moran

Me regocijo contigo, dándole toda la gloria a Dios en honor de su Espíritu Santo y celebro al Señor Jesucristo, por las muchas respuestas a las oraciones, promesas y profecías que Él realizo en sus vidas, ustedes son los primeros en participar de muchas oraciones en este Libro y son pruebas vivas con muchos testimonios de que, en efecto, Dios es fiel y las fuerzas de la oscuridad nunca podrán vencer la luz de Jehová.

Con gran esperanza, esperamos con impaciencia las mejores y mayores dimensiones de bendiciones de nuestro Dios Padre, nuestra Ayuda en los siglos pasados, nuestra Esperanza en los años venideros, nuestro Refugio de la explosión tormentosa y nuestro Hogar eterno. Bajo la sombra de tu trono, tus santos han vivido seguros; Basta con solo tu brazo, y nuestra defensa es segura. Antes de que los montes en orden se levantaran o la tierra recibiera su marco, desde la eternidad Tú eres Dios, hasta la eternidad de los mismos. Amén Amén y Amén.

CONTENIDO

DEDICACIÓN.. V

PREFACIO... VIII

    ENTENDIENDO EL PRINCIPIO DEL PODER DECRETO Y DECLARO... VIII

Capítulo 1.. 1

    PRINCIPIO DE PODER: EL PODER DE LA ORACIÓN....... 1

Capítulo 2.. 49

    SÉ QUE MI REDENTOR VIVE DECRETO Y DECLARO ORACIONES PROFÉTICAS 49

Capítulo 3.. 75

    DECRETO Y DECLARO QUE LA AMPLIACIÓN ES MI PORCIÓN EN EL NOMBRE DE JESUCRISTO 75

Capítulo 4.. 98

    DECRETO Y DECLARO QUE MI DESTINO SURGIR Y BRILLA MI ESTRELLA DEBE BRILLAR BRILLANTE, MÁS BRILLANTE Y BRILLANTE EN EL NOMBRE DE JESUCRISTO... 98

Capítulo 5.. 125

    O DIOS DE JABEZ ME HACEN MÁS HONORABLE EN EL NOMBRE DE JESUCRISTO.. 125

Capítulo 6 156
   DECRETO Y DECLARO PUNTOS DE ORACIÓN DE
   DIVINOS ACELERACIÓN 156

Capítulo 7 183
   DECRETO Y DECLARA LOS ENEMIGOS NO
   PREVALECERÁN SOBRE MÍ EN EL NOMBRE DE
   JESUCRISTO..183

EL AUTOR, DR. ABRAHAM PETERS 224

PREFACIO
ENTENDIENDO EL PRINCIPIO DEL PODER DECRETO Y DECLARO

La Biblia dice: También decretarás algo, y te será confirmado; y la luz resplandecerá en tus caminos. Job 22:28. A menudo hemos escuchado y leído este pasaje de las Escrituras, pero has meditado sobre el significado de esta poderosa palabra. El decreto se define como una regla de ley emitida por un rey o jefe de estado o un presidente de acuerdo con ciertos procedimientos. Tiene la fuerza de la ley. En tiempos bíblicos, el Rey tenía la autoridad para hacer decretos. El decreto era un documento escrito y era muy específico y claro sobre ese tema. Era ley y debía llevarse a cabo de acuerdo con los deseos del Rey y el no obedecer el decreto era castigado.

La palabra establecida significa: establecer de manera firme o permanente, para lograr la aceptación o el reconocimiento permanente, para mostrar, revelar que es verdadero en función de los hechos. Ahora, veamos la definición de declarar. Declarar medios para dar a conocer o establecer claramente, especialmente en términos explícitos o formales: declarar la posición de uno en una controversia, anunciar oficialmente; proclamar: declarar un ganador. Declarar enfáticamente para mostrar, revelar o manifestar: la Biblia dice: los cielos declaran la gloria de Dios

Job 22:28 También decretarás algo, y te será confirmado; y la luz resplandecerá en tus caminos.

La persona que hace el decreto debe estar en una posición de poder y autoridad para hacerlo. Usted tiene el poder y la autoridad para decretar y esperar que se lleven a cabo. (Lucas 10:19) Deberás decretar, el poder es tuyo, declarar tu caso y escribir las condiciones con respecto a tu hogar, familia, negocios, carrera, ministerio de la iglesia y todo lo que te concierne. Las palabras que hablen se establecerán, lo que significa que se manifestarán y se revelarán como verdaderas, tal como lo ha pronunciado. La luz de Dios brillará en tu camino, lo que significa que habrá iluminación en tu mente y espíritu que te hará ver claramente e iluminará el sendero que se te presenta. No tropezarás en la oscuridad ni caminarás tímido e inseguro, sino que tendrás claridad de visión brillante, propósito y dirección divina.

Esto es lo que la palabra de Dios promete acerca de sus hijos redimidos por fe:

¡Ah Señor DIOS! He aquí, tú has hecho los cielos y la tierra con tu gran poder y con tu brazo extendido. Nada es demasiado difícil para Ti. Entonces la palabra del Señor vino a Jeremías, diciendo: 27 "He aquí, yo soy el SEÑOR, el

Dios de toda carne; ¿hay algo demasiado difícil para Mí?" Jeremías 32:17, 26 - 27.

"Llámame y te responderé, y te contaré cosas grandes y poderosas, que no sabes". Jeremías 33: 3.

Y nos hizo reyes y sacerdotes para Dios y su Padre; a él sea la gloria y el dominio por los siglos de los siglos. Amén. Revelación 1: 6

Y nos has hecho para nuestro Dios reyes y sacerdotes, y reinaremos en la tierra. Apocalipsis 5:10

También, como piedras vivas, se están construyendo en una casa espiritual para ser un sacerdocio santo, ofreciendo sacrificios espirituales aceptables a Dios a través de Jesucristo. Pero tú eres un pueblo escogido, un real sacerdocio, una nación santa, un pueblo para posesión de Dios, para proclamar las virtudes de Aquel que te llamó de las tinieblas a su luz admirable. 1 Pedro 2: 5 y 9.

Si alguien habla, debe hablar como alguien que transmite las palabras de Dios. Si alguien sirve, debe servir con la fuerza que Dios provee, para que en todas las cosas Dios sea glorificado por medio de Jesucristo, a quien sea la gloria y el poder por los siglos de los siglos. Amén.1 Pedro 4:11

Pero crece en la gracia y el conocimiento de nuestro Señor y Salvador Jesucristo. A Él sea la gloria ahora y hasta el día de la eternidad. Amén. 2 Pedro 3:18

Por lo tanto, tienes el poder, la autoridad para expresar algo en tu vida y esperar que se manifieste en la realidad de tu mundo. Lo que decida también debe declarar que es hablar enfáticamente, dar a conocer y establecer claramente su posición al respecto. Para poder decretar y declarar algo y esperar ver la manifestación, debes conocer la palabra de Dios para que comprendas tu derecho legal a que se ratifique tu decreto.

Siempre hay condiciones que debes cumplir para tener la autoridad de hacer algo en el reino de Dios. Deuteronomio 28: 1 Y acontecerá que si oyeres diligentemente la voz de Jehová tu Dios, para guardar y cumplir todos sus mandamientos que yo te prescribo hoy, que Jehová tu Dios te pondrá en alto sobre todas las naciones de la tierra: cuando escuchas, recibes y obedeces la palabra de Dios, tienes el poder de decretar la palabra.

La palabra de Dios es vida, es rápida y es poderosa. Es verdad, corrige, ilumina, sana, libera y trae resultados visibles. No regresa sin lograr lo que fue enviado a hacer. Lee Jeremías 1: 9-19 para comprender el principio detrás de hablar la palabra de Dios. Jeremías 1: 9 Entonces Jehová extendió su mano, y tocó mi boca. Y el SEÑOR me dijo: He aquí, he puesto mis palabras en tu boca. En el versículo 12, le dice a Jeremías que aceleraré mi palabra para realizarla.

Lee tu Biblia; pidiéndole al Espíritu Santo ayuda y asistencia con respecto a lo que necesita decretar y declarar en su vida en nombre de sus familias, carrera, negocios, ministerios de la iglesia, ciudad, gobierno y nación. Hay una palabra en la Palabra de Dios que contiene las respuestas a su pregunta. Debe comprender el principio detrás de decretar y declarar. Debes cumplir con la condición, leer, meditar, escuchar, obedecer la palabra y hablar la palabra (Josué 1: 8). Cree y espera ver la manifestación. Sepa que tiene el derecho de legislar y hacer que el cambio se base en el poder y el dominio que Dios le ha dado. El trabajo se hace de rodillas en oración y el Espíritu Santo abrirá los ojos de tu corazón para tener comprensión y revelarte qué decretar y declarar.

LA RESPUESTA A CADA UNA DE LAS PREGUNTAS DE LA VIDA ESTÁ EN LA PALABRA DE DIOS. AL DECRETAR Y DECLARAR, ESTAMOS LLEGANDO A LA ALINEACIÓN Y ACUERDO CON LO QUE SE HABLADO CON NOSOTROS, AL HABLAR DE LAS RESPUESTAS, NO DEL PROBLEMA. A TRAVÉS DE LA ORACIÓN TENEMOS PODER, RESULTADOS DE VICTORIA, MILAGROS SOBRENATURALES, SANACIONES, ENTREGAS Y SOLUCIONES PARA CUALQUIER DIFICULTAD. ¡NUNCA RENUNCIES A

LA ESPERANZA NO HAY SITUACIÓN QUE NO TENGA ESPERANZA CON DIOS!

La Biblia dice: "Así que, profeticé como me fue mandado; y profeticé que se oía un ruido y que se agitaba, y los huesos se juntaban, hueso con su hueso". Ezequiel 37: 7. Escucha, absolutamente. Ninguna situación es desesperada si Dios está involucrado. No importa cuán mala sea la situación, aún puede cambiar. El profeta Ezequiel estaba en el valle de los huesos secos. Me refiero a que la Biblia describe los huesos como "muy secos". Esto muestra qué en base a la evaluación natural, este fue un problema muerto, un tema olvidado; no había esperanza en absoluto. No había absolutamente ninguna señal de vida; era una situación sin esperanza, pero con Dios, no hay desesperanza, no importa cuán imposible sea la situación, nuestro Dios puede darle la vuelta. Ezequiel estaba en medio de estos huesos, y el Señor le hizo una pregunta diciendo: "... Hijo de hombre, ¿pueden vivir estos huesos?" Para la persona promedio, ¿es como qué tipo de pregunta es esta? Cómo viviran? No es ni remotamente posible, pero me gusta la respuesta de Ezequiel, le dijo a Dios: "Señor Dios, tú lo sabes".

Ezequiel por su respuesta dio lugar a Dios para la intervención divina. Él podría haber dicho absolutamente que no, y habría estado en lo cierto desde el punto de vista humano, pero reconoció el lugar de la divinidad al dar su respuesta. "Otra vez, él me dijo: Profetiza sobre estos huesos, y diles: Huesos secos, oíd palabra de Jehová". (Ezequiel 37: 4) Al mencionar su nombre, cada rodilla se inclina, incluso la muerte. Y vemos en nuestro texto anterior, que la vida entró en los huesos muertos. Ahora, decreto y declaro, te profetizo que la vida viene hacia ti, que la situación no es desesperada. Lo que sea que represente un hueso seco en su vida, la vida entrará en el nombre de Jesucristo. Sí, es posible que el médico te haya dicho que no hay forma de que las cosas cambien, pero declaro que te está llegando un cambio. Hijo de Dios, ya es hora de que haya una distinción entre los creyentes y los incrédulos. Tus desafíos se inclinarán a tus pies en el nombre de Jesucristo. (Lectura adicional: Ezequiel 37: 1-14, Job 14: 8-9)

Desbordando esperanza del Espíritu Santo

"Ahora la esperanza no defrauda, porque el amor de Dios ha sido derramado en nuestros corazones por el Espíritu Santo que nos fue dado." Romanos 5: 5.

"Que el Dios de la esperanza te llene de toda alegría y paz como tú confías en él, para que desbordes de esperanza por el poder del Espíritu Santo." Romanos 15:13.

La confianza en el Dios de la esperanza llena los corazones de los seguidores de Jesús con gozo y paz, desbordando de esperanza, todo impulsado por el Espíritu Santo. Nuestra esperanza cristiana está segura en Cristo, el creador y el dador de la esperanza, ningún otro fundamento es tan inquebrantable y seguro como el suyo. Nuestra esperanza celestial es masiva e inamovible. El miedo es incapaz de escalar a la cima, solo la fe es victoriosa debido al camino marcado por las promesas de Dios. Guiados por el Espíritu Santo, la alegría y la paz acompañan a los que perseveran en su camino de esperanza. Aunque Pablo experimentó mucho, mucho más que su parte del sufrimiento, nunca perdió la esperanza, sino que esperaba resultados esperanzadores y un destino esperanzador. Las circunstancias dolorosas fueron su oportunidad de apartar los ojos de sus propias necesidades para mirar a las necesidades de los demás mientras miraba al Señor que ofrece abundantemente. Este sabio seguidor de Jesús sabía que no podía ser la solución definitiva para aquellos que se encontraban en lo que parecían ser situaciones sin esperanza. En cambio, Pablo sabiamente los señaló a una "esperanza viva", una "esperanza construida sobre nada menos que la sangre y la justicia de Jesús".

"Pablo, apóstol de Jesucristo por mandato de Dios nuestro Salvador y del Señor Jesucristo nuestra esperanza" (1 Timoteo 1: 1). ¿Su esperanza es vibrante y está viva o luchando al borde de la extinción? Comienza a procesar tu esperanza en Dios, los recursos del Cielo a tu disposición para la fortaleza del alma y la anticipación de la amorosa presencia del Señor. Oportunidad de confiar en Jesús con condiciones o críticas fuera de tu control, sabiendo que Él tiene tus mejores intereses en mente. Persevera a través de las pruebas como testimonio de una vida llena de fe. Animado por el liderazgo sabio y el empoderamiento del Espíritu Santo.

Cuando los demás pierden el ánimo, mantén a Cristo como tu roca sólida de esperanza y mantente firme como un ejemplo esperanzador para los heridos y los desesperados. Medita en la verdad de las Escrituras para alimentar tu fe y esperanza en el Señor, y otros aprenderán a sacar su esperanza de la palabra escrita de Dios. Esperar en el hombre muchas veces lleva a la desilusión, pero la esperanza en el amor infalible del Señor da paz, seguridad y descansa el alma. Cuando estés abatido, lanza tus cuidados a Aquel a quien más le importa. De las alabanzas de tus labios, el Dios de la esperanza llenará tu vida de gozo y confianza en él. "¿Por qué, alma mía, estás deprimido? ¿Por qué tan perturbado dentro de mí? Pon tu esperanza en Dios, porque aún lo alabaré, mi Salvador y mi Dios "(Salmo 42:11). Cuando Dios entra en cualquier situación, los milagros deben suceder. Padre celestial, dame la fe para esperar en ti y no en vanas esperanzas en la tierra, en el nombre de Jesucristo, amén.

Oración y ayuno

"Entonces vinieron los discípulos a Jesús aparte, y dijeron: ¿Por qué no podíamos echarlo? Y Jesús les dijo: Por vuestra incredulidad. Porque de cierto os digo, si tenéis fe como un grano de mostaza, diréis a este monte: Pasate de aquí de aquí allá: y se pasará: y nada os será imposible. Pero esta cosa no sale, sino por la oración y el ayuno "(Mateo 17: 19-21).

Cuando los discípulos vieron que Jesús arrojó el espíritu maligno del epiléptico a quien no podían sanar, le preguntaron al Maestro por qué habían fallado. Él les había dado "poder y autoridad sobre todos los demonios, y para sanar todas las enfermedades". A menudo ejercían ese poder y contaban con alegría cómo los demonios estaban sujetos a ellos. Y sin embargo, ahora, mientras estaban en el Monte, habían fracasado por completo. El hecho de que Cristo haya expulsado al espíritu malo demostró que no había nada en la voluntad de Dios o en la naturaleza del caso para hacer que el milagro fuera imposible. De su expresión, "¿Por qué no podríamos hacerlo?", Es evidente que los discípulos querían e intentaron expulsar el espíritu. Probablemente lo habían llamado, usando el Nombre del Maestro. Pero sus esfuerzos habían sido en vano. Habían sido avergonzados frente a la multitud.

La respuesta de Cristo fue directa y clara: "Por tu incredulidad". El éxito de Cristo no fue el resultado de tener un poder especial al que los discípulos no tenían acceso. Con tanta frecuencia les había enseñado que hay un poder, el poder de la fe, al cual, en el reino de las tinieblas, como en el Reino de Dios, todo debe inclinarse. En el mundo espiritual, el fracaso tiene una sola causa: la falta de fe. La fe es la única condición en la que todo poder divino puede entrar al hombre y obrar a través de él. Es la sensibilidad de la voluntad del hombre cedida y moldeada por la voluntad de Dios.

El poder que los discípulos habían recibido para expulsar a los demonios no les pertenecía como un regalo o posesión permanente. El poder estaba en Cristo, para ser recibido, sostenido y usado solo por la fe, viviendo la fe en Sí mismo. Si hubieran estado llenos de fe en Él como Señor y Conquistador en el mundo de los espíritus, si hubieran estado llenos de fe en Él y les hubiesen dado autoridad para echar en su nombre, su fe les habría dado la victoria. "Debido a tu incredulidad" fue, para siempre, la explicación del Maestro y la represión de la impotencia y el fracaso en Su Iglesia.

Tal deficiencia de fe debe tener una causa. Los discípulos pueden haber preguntado: "¿Por qué no podríamos creer? Nuestra fe ha expulsado a los demonios antes de esto. ¿Por qué fallamos en creer esta vez?" El Maestro les responde antes de que puedan preguntar: "Este tipo no sale sino por la oración y el ayuno".

Aunque la fe es el ejercicio más simple de la vida espiritual, también es el más elevado. El espíritu debe ceder en receptividad perfecta al Espíritu de Dios y fortalecerse para esta actividad. Tal fe depende completamente del estado de la vida espiritual. Solo cuando esto es fuerte y está en buena salud cuando el Espíritu de Dios tiene una influencia total en nuestras vidas, ¿tiene la fe el poder de hacer sus grandes obras?

Por lo tanto, Jesús agrega: "Pero este género no sale sino por la oración y el ayuno". La fe que puede vencer la resistencia obstinada como la que acaban de ver en este espíritu malo, Jesús les dice, no es posible excepto por los hombres que viven en una relación muy estrecha con Dios y en una separación muy especial del mundo: en oración y ayuno. Y entonces Él nos enseña dos lecciones con respecto a la oración de profunda importancia. Una es que la fe necesita una vida de oración para crecer y mantenerse fuerte. La otra es que la oración necesita ayuno para su desarrollo pleno y perfecto.

La fe necesita una vida de oración para su pleno crecimiento. En todas las diferentes partes de la vida espiritual hay una estrecha unión entre la acción y la reacción incesantes, de modo que cada una puede ser tanto causa como efecto. Por lo tanto, es con fe. No puede haber verdadera oración sin fe; alguna medida de fe debe preceder a la oración. Y, sin embargo, la oración es también el camino hacia más fe: no puede haber grados superiores de fe, excepto a través de mucha oración. Esta es la lección que Jesús enseña aquí.

Nada necesita crecer tanto como nuestra fe. "Tu fe crece excesivamente" se dice de una iglesia. Cuando Jesús pronunció las palabras: "Según tu fe sea contigo" (Mateo 9:29), anunció la ley del Reino, que nos dice que las diferentes personas tienen diferentes grados de fe, que una persona puede tener diversos grados y que la cantidad de fe siempre determinará la cantidad de poder y bendición. Si queremos saber dónde y cómo nuestra fe crecerá, el Maestro nos señala el trono de Dios. Es en la oración, el ejercicio de la fe en la comunión con el Dios vivo, que la fe puede aumentar. La fe solo puede vivir alimentándose de lo que es Divino, en Dios mismo.

Es en la adoración adoradora de Dios -la espera de Él y de Él en el profundo silencio del alma que se rinde para que Dios se revele- que se desarrollará la capacidad de conocer y confiar en Dios. Cuando tomemos Su Palabra del Bendito Libro y le pidamos que nos lo diga con Su voz viva y amorosa, el poder de creer y recibir la Palabra como la Palabra de Dios para nosotros, surgirá en nosotros. Es en la oración, en el contacto vivo con Dios en la fe viva, que la fe se fortalecerá en nosotros. Muchos cristianos no pueden entender, ni sienten la necesidad, de pasar horas con Dios. Pero el Maestro dice (y la experiencia de su pueblo lo ha confirmado) que los hombres de fe fuerte son hombres de mucha oración.

Esto nos lleva de nuevo a la lección que aprendimos cuando Jesús, antes de decirnos que creyéramos que recibimos lo que pedimos, primero dijo: "Ten fe en Dios". Es Dios, el Dios viviente, en quien nuestra fe debe echar raíces en lo más profundo y amplio. Entonces será lo suficientemente fuerte como para eliminar montañas y expulsar demonios. "Si tienes fe, nada te será imposible". ¡Si pudiéramos entregarnos al trabajo que Dios tiene para nosotros en el mundo! Cuando entramos en contacto con las montañas y los demonios que serán arrojados y expulsados, pronto comprenderíamos cuánto necesitamos una gran fe y oración. Solo ellos son el suelo en el que se puede cultivar la fe. Jesucristo es nuestra vida y la vida de nuestra fe. Es su vida en nosotros lo que nos hace fuertes y listos para creer. El morir a sí mismo que implica mucha oración permite una unión más cercana a Jesús en la que el espíritu de fe vendrá con poder. La fe necesita oración para su pleno crecimiento.

La segunda lección es que la oración necesita ayuno para su pleno crecimiento. La oración es la única mano con la que captamos lo invisible. El ayuno es la otra mano, con la que dejamos ir lo visible. En nada, el hombre está más conectado con el mundo de los sentidos que con su necesidad y disfrute de la comida. Fue la fruta con la que el hombre fue tentado y cayó en el Paraíso. Fue con pan que Jesús fue tentado en el desierto. Pero Él triunfó en ayuno.

El cuerpo ha sido redimido para ser un templo del Espíritu Santo. Tanto en cuerpo como en espíritu, dice la Escritura, debemos glorificar a Dios comiendo y bebiendo. Hay muchos cristianos a quienes esta devoción por la gloria de Dios aún no se ha convertido en una realidad espiritual. El primer pensamiento sugerido por las palabras de Jesús con respecto al ayuno y la oración es que solo en una vida de moderación y abnegación habrá suficiente corazón y fuerza para orar mucho.

También hay un significado más literal para Sus palabras. La tristeza y la ansiedad no pueden comer, pero la alegría celebra sus fiestas con comer y beber. Puede haber momentos de intenso deseo, cuando se siente fuertemente cómo el cuerpo y sus apetitos aún obstaculizan el espíritu en su batalla con los poderes de la oscuridad. Se siente la necesidad de mantenerlo sometido. Somos criaturas de los sentidos. Nuestras mentes son ayudadas por lo que nos llega en forma concreta. El ayuno ayuda a expresar, profundizar y confirmar la resolución de que estamos listos para sacrificar cualquier cosa, incluso a nosotros mismos, para alcanzar el Reino de Dios. Y Jesús, quien ayunó y sacrificó, sabe valorar, aceptar y recompensar con poder espiritual al alma que está lista para renunciar a todo por Él y por Su Reino.

Todavía hay una aplicación más amplia de las palabras de Cristo. La oración es llegar a Dios y lo invisible. El ayuno es dejar ir todo lo que se puede ver y tocar. Algunos cristianos imaginan que todo lo que no está positivamente prohibido y pecaminoso es permisible para ellos. De modo que intentan retener todo lo posible de este mundo con sus propiedades, su literatura y sus disfrutes. El alma verdaderamente consagrada, sin embargo, es como un soldado que lleva solo lo que necesita para la batalla. Debido a que se libera de todo peso innecesario, es fácilmente capaz de combatir el pecado. Temeroso de enredarse con los asuntos de una vida mundana, trata de llevar una vida nazarea como alguien especialmente apartado para el Señor y su servicio. Sin esa separación voluntaria, incluso de lo que es legal, nadie alcanzará el poder en la oración. Tal poder solo viene a través del ayuno y la oración.

¡Discípulos de Jesús! -Has pedido al Maestro que te enseñe a orar, ¡así que ven ahora y acepta Sus lecciones! Él te dice que la oración es el camino hacia la fe fuerte que puede expulsar a los demonios. Él te dice: "Si tienes fe, nada te será imposible". Permite que esta promesa gloriosa te anime a orar mucho. ¿No vale el precio el premio? ¡Renuncia a todo para seguir a Jesús en el camino que Él nos abre! ¡Rápido para que puedas ser empoderado! Haga lo que sea necesario para que ni el cuerpo ni el mundo puedan obstaculizarnos en nuestra gran tarea: hablar con Dios en oración, para que podamos convertirnos en personas de fe valiosas a quienes pueda usar en su obra de salvar el mundo.

CAPÍTULO 1

PRINCIPIO DE PODER: EL PODER DE LA ORACIÓN

"La ferviente oración del justo, obrando eficazmente, puede mucho" **Santiago 5:16b**

Cuando usted estudió sobre el poder en el nombre de Jesucristo usted aprendió que los creyentes pueden usar Su nombre en la oración a hacer peticiones al Padre. Esta lección explora el poder de la oración en el nombre de Jesucristo. También presenta la práctica asociada de ayunar. La oración y el ayuno son principios poderosos que liberan el poder de Dios en las vidas de los creyentes.

LA DEFINICIÓN DE ORACIÓN

Oración es comunión con Dios. Él toma formas diferentes, pero básicamente ocurre cuando el hombre habla con Dios y Dios habla con el hombre. La oración se describe como:

Invocar el nombre del Señor: Génesis 12:8

Clamar a Dios: Salmos 27:7; 34:6

Acercarse a Dios: Salmos 73:28; Hebreos 10:22

Esperar en Dios: Salmos 5:3

Levantar el alma: Salmos 25:1

Alzar el corazón: Lamentaciones 3:41

Derramar el corazón: Salmos 62:8

Derramar el alma: 1 Samuel 1:15

Clamar a los Cielos: 2 Crónicas 32:20

Implorar al Señor: Éxodo 32:11

Buscar a Dios: Job 8:5

Buscar el rostro del Señor: Salmos 27:8

Implorar: Job 8:5; Jeremías 36:7

LA VIDA DE LA ORACIÓN DE JESÚS

La oración era una herramienta poderosa en la vida del Señor Jesús:

JESÚS HIZO DE LA ORACIÓN UNA PRIORIDAD:

Él oró tanto de día como de noche: Lucas 6:12-13

La oración tenía prioridad a la comida: Juan 4:31-32

La oración tenía prioridad a la obra: Juan 4:31-32

LA ORACIÓN ACOMPAÑÓ CUALQUIER EVENTO DE IMPORTANCIA:

Su bautismo: Lucas 3:21-22

Durante el primera viaje ministerial: Marcos 1:35; Lucas 5:16

Antes de escoger a los discípulos: Lucas 6:12-13

Antes y después de alimentar los 5,000: Mateo 14:19,23; Marcos 6:41,46; Juan 6:11,14-15

Al alimentar los 4,000: Mateo 15:36; Marcos 8:6,7

Antes de la confesión de Pedro: Lucas 9:18

Antes de la transfiguración: Lucas 9:28,29

Al retorno de los setenta: Mateo 11:25; Lucas 10:21

En la tumba de Lázaro: Juan 11:41-42

En la bendición de los niños: Mateo 19:13

En la venida de ciertos griegos: Juan 12:27-28

Antes de la hora de Su más gran angustia: Mateo 26:26-27; Marcos 14:22-23; Lucas 22:17-19

Por Pedro: Lucas 22:32

Por el Espíritu Santo: Juan 14:16

En el camino a Emaús: Lucas 24:13-35

Antes de a Su ascensión: Lucas 24:50-53

Por Sus seguidores: Juan 17

La oración que Jesús les enseñó está registrada en Mateo 6:9-13.

LOS NIVELES DE ORACIÓN

Pablo requiere a los creyentes para siempre orar con "toda oración." (Efesios 6:18) Otra traducción de la Biblia lee "orando con cada tipo de oración." (La Traducción de

Goodspeed). Esto se refiere a los varios niveles y tipos de oración.

Hay tres niveles de intensidad en la oración: Pedir, buscar, y llamar:

> *Pedid, y se os dará. Buscad y hallaréis. Llamad, y se os abrirá. Porque todo el que pide recibe, el que busca halla, y al que llama se le abrirá.* **Mateo 7:7-8**

Pedir es el primer nivel de oración. Es simplemente presentar una petición a Dios y recibir una respuesta inmediata. Para recibir, la condición es pedir:

> *No tenéis, porque no pedís.* **Santiago 4:2**

Nosotros tenemos el poderoso arma espiritual de la oración, y todavía muchos no lo usan. Ellos no piden, y debido a esto, ellos no reciben.

Buscar es un nivel más profundo de oración. Éste es el nivel de oración dónde las respuestas no son tan inmediatas como en el nivel de pedir. Los 120 reunidos en el aposento alto dónde ellos continuaron en oración es un ejemplo de buscar. Estos hombres y mujeres buscaron el cumplimiento de la promesa del Espíritu Santo y continuaron buscando hasta que la respuesta vino (Hechos 1-2).

Llamar es todavía un nivel más profundo. Es la oración que es persistente cuando las respuestas son más demoradas a venir. Él se ilustra por la parábola que Jesús dio en Lucas 11:5-10. El nivel de llamar es el más intenso nivel de oración de guerra espiritual. Él se ilustra por la persistencia de Daniel que continuó llamando a pesar de él no haber mirado ningún resultado visible (Daniel 10).

LOS TIPOS DE ORACIÓN

Hay varios tipos de oración ilustrados en la oración modelo dada por el Señor (Mateo 6:9-13). Los tipos de oración incluyen:

1. ADORACIÓN Y ALABANZA:

Usted entra en la presencia de Dios con adoración y alabanza:

> *Entrad por sus puertas con acción de gracias, por sus atrios con alabanza. Dadle gracias; bendecid su nombre.* **Salmos 100:4**

Adorar es dar honor y devoción. Alabanza es acción de gracias y una expresión de gratitud no solamente por lo que Dios ha hecho pero también por lo que Él es. Usted debe rendir culto a Dios en espíritu y en verdad:

Pero la hora viene, y ahora es, cuando los verdaderos adoradores adorarán al Padre en espíritu y en verdad; porque también el Padre busca a tales que le adoren. Dios es espíritu; y es necesario que los que le adoran, le adoren en espíritu y en verdad. **Juan 4:23-24**

La alabanza y la adoración pueden ser:

Cantando:	Salmos 9:2,11; 40:3; Marcos 14:26
Alabanza audible:	Salmos 103:1
Gritando:	Salmos 47:1
Alzando las manos:	Salmos 63:4; 134:2; 1 Timoteo 2:8
Aplaudiendo:	Salmos 47:1
Con instrumentos musicales:	Salmos 150:3-5
Levantándose:	2 Crónicas 20:19
Inclinándose:	Salmos 95:6
Bailando:	Salmos 149:3
Arrodillándose:	Salmos 95:6
En la cama:	Salmos 149:5

2. COMPROMISO:

Ésta es la oración que encomienda su vida y voluntad a Dios. Incluye oraciones de consagración y dedicación.

3. PETICIÓN:

Las oraciones de petición son ruegos. Las peticiones deben ser hechas según la voluntad de Dios como revelada en Su Palabra escrita. Las peticiones pueden estar en los niveles de pedir, buscar, o llamar. Súplica es otra palabra para este tipo de oración. La palabra súplica significa "pidiendo a Dios o atrayéndolo fuertemente en nombre de una necesidad."

4. CONFESIÓN Y ARREPENTIMIENTO:

Una oración de confesión es arrepentirse y pedir el perdón el pecado:

> *Si confesamos nuestros pecados, él es fiel y justo para perdonar nuestros pecados y limpiarnos de toda maldad.* 1 Juan 1:9

5. LA INTERCESIÓN:

La intercesión es la oración por otros. Un intercesor es uno toma el lugar de otro o suplica en nombre de otro.

La Biblia registra que una vez Dios miró en la tierra y vio que no había ningún intercesor:

> *Vio, pues, que no había nadie, y se asombró de que no hubiese quien intercediese. Por tanto, su propio brazo le produjo salvación, y su propia justicia lo sostuvo.* **Isaías 59:16**

Cuando Dios vio que no había ningún intercesor Él suplió la necesidad. Él envió a Jesús:

> *Porque hay un solo Dios y un solo mediador entre Dios y los hombres, Jesucristo hombre.* **1 Timoteo 2:5**

> *¿Quién es el que condenará? Cristo es el que murió; más aun, es el que también resucitó; quien, además, está a la diestra de Dios, y quien también intercede por nosotros.* **Romanos 8:34**

> *Por esto también puede salvar por completo a los que por medio de él se acercan a Dios, puesto que vive para siempre para interceder por ellos.* **Hebreos 7:25**

> *Hijitos míos, estas cosas os escribo para que no pequéis. Y si alguno peca, abogado tenemos delante del Padre, a Jesucristo el justo.* **1 Juan 2:1**

Un abogado en una corte de justicia es el ayudante legal o consejero que suplica por la causa de otro. La intercesión en la guerra espiritual es la oración a Dios en nombre de otra persona. A veces esta intercesión es hecha con entendimiento. Usted intercede en su propio idioma nativo:

> *Por esto exhorto, ante todo, que se hagan súplicas, oraciones, intercesiones y acciones de gracias por todos los hombres; por los reyes y por todos los que están en eminencia, para que llevemos una vida tranquila y reposada en toda piedad y dignidad.* **1 Timoteo 2:1-2**

En otros momentos, la intercesión está hecha por el Espíritu Santo. Puede ser con gemidos que son el resultado de una carga espiritual pesada. Puede ser en una lengua desconocida. Puede ser la intercesión por otro o el Espíritu Santo hace intercesión por usted. Cuando esto sucede, el Espíritu Santo habla a través de usted orando directamente a Dios y según la voluntad de Dios. Usted no entiende este tipo de intercesión:

> *Y asimismo, también el Espíritu nos ayuda en nuestras debilidades; porque cómo debiéramos orar, no lo sabemos; pero el Espíritu mismo intercede con gemidos indecibles.* **Romanos 8:26**

LA ORACIÓN MODELO

Durante el ministerio terrenal de Jesús Sus discípulos vinieron una vez a Él con una petición interesante:

> *... uno de sus discípulos le dijo: —Señor, enséñanos a orar, como también Juan enseñó a sus discípulos.*
> **Lucas 11:1**

Los discípulos no preguntaron cómo predicar o realizar milagros. Ellos no buscaron lecciones sobre cómo construir relaciones duraderas. Ellos no inquirieron con respecto a las maravillas de la sanidad física. Ellos pidieron para ser enseñados cómo orar. ¿Qué creó este deseo? Los efectos visibles de la oración en la vida y ministerio de Jesús. Los discípulos habían testimoniado de los resultados poderosos de esta estrategia espiritual en acción.

Lea la oración modelo abajo y observe los varios tipos de oración que nosotros hemos discutido:

Padre nuestro que estás en los cielos: Alabanza y Adoración
Santificado sea tu nombre.

Venga tu reino, sea hecha tu voluntad,   Compromiso
como en el cielo así también en la
tierra.

El pan nuestro de cada día, dánoslo   Petición
hoy.

Perdónanos nuestras deudas, como   Confesión, Intercesión
también nosotros perdonamos a
nuestros deudores.

Y no nos metas en tentación, mas   Petición
líbranos del mal.

Porque tuyo es el reino, el poder y la   Alabanza y Adoración
gloria por todos los siglos. Amén.

CÓMO ORAR

Busque cada una de las referencias siguientes en su Biblia. Estas Escrituras le enseñan cómo orar:

La oración será hecha a Dios: Salmos 5:2

La repetición vacía es prohibida, pero la repetición ardiente no es: Mateo 6:7; Daniel 6:10; Lucas 11:5-13; 18:1-8

Usted peca por negligencia en no orar por otros: 1 Samuel 12:23

Ore con entendimiento (en una lengua conocida): Efesios 6:18

Ore en el Espíritu: Romanos 8:26; Judas 20

Ore según la voluntad de Dios: 1 Juan 5:14-15

Ore en secreto: Mateo 6:6

Se enfatiza la calidad en lugar de la cantidad. La oración no tiene éxito debido a mucho hablar: Mateo 6:7

Ore siempre: Lucas 21:36; Efesios 6:18

Ore continuamente: Romanos 12:12

Ore sin cesar: 1 Tesalonicenses 5:17

Ore al Padre en el nombre de Jesucristo: Juan 15:16

Con una actitud vigilante: 1 Pedro 4:7

Conforme al ejemplo de la oración modelo: Mateo 6:9-13

Ore con un espíritu perdonador: Marcos 11:25

Ore con humildad: Mateo 6:7

A veces acompañe la oración con ayuno: Mateo 17:21

Ore fervorosamente: Santiago 5:16; Colosenses 4:12

Ore con sumisión a Dios: Lucas 22:42

Use las estrategias de atar y desatar en la oración: Mateo 16:19

POR LO QUÉ USTED DEBE ORAR

La paz de Jerusalén: Salmos 122:6

Obreros en la cosecha: Mateo 9:38

Para usted no entrar en tentación: Lucas 22:40-46

Aquellos que malignamente lo usan (sus enemigos): Lucas 6:28

Todos los santos: Efesios 6:18

El enfermo: Santiago 5:14

Unos por los otros (llevando cada uno las cargas de otros): Santiago 5:16

Por todos los hombres, reyes, y aquellos en autoridad: 1 Timoteo 2:1-4

Por nuestras necesidades diarias: Mateo 6:11

Por sabiduría: Santiago 1:5

Para sanar: Santiago 5:14-15

Por el perdón: Mateo 6:12

Por la voluntad de Dios y para el Reino ser establecido: Mateo 6:10

Por el alivio de la aflicción: Santiago 5:13

ORE LAS PROMESAS

> *Pedís, y no recibís; porque pedís mal, para gastarlo en vuestros placeres.* **Santiago 4:3**

Dios contesta la oración según Sus promesas. Cuando usted no pide basándose en éstas promesas, su oración no se contesta. Es similar a cómo un padre se relaciona con sus niños. Ningún padre promete dar algo a sus jovenzuelos todo lo que ellos quieren o piden. Él hace claro que él hará ciertas cosas y no hará otras. Dentro de estos límites el padre contesta las peticiones de sus niños.

Es lo mismo con Dios. Sus promesas forman la base apropiada para la oración. Aprenda lo que Dios ha prometido y ore según las promesas de Dios. Una manera buena de hacer esto es leer la Biblia y marcar todas las promesas. Use su Biblia cuando usted ora y basa sus oraciones en estas promesas.

OBSTÁCULOS A LA ORACIÓN

Aquí están algunas cosas que impedirá sus oraciones:

El pecado de cualquier tipo: Isaías 59:1-2; Salmo 66:18; Isaías 1:15; Proverbios 28:9

Ídolos en el corazón: Ezequiel 14:1-3:

Un espíritu rencoroso: Marcos 11:25; Mateo 5:23

Egoísmo, motivos malos: Proverbios 21:13; Santiago 4:3

Hambre de poder, oraciones manipuladoras: Santiago 4:2-3

Tratamiento errado del cónyuge: 1 Pedro 3:7

La auto-justicia: Lucas 18:10-14

La incredulidad: Santiago 1:6-7:

No permanecer en Cristo y en Su Palabra: Juan 15:7

Falta de compasión: Proverbios 21:13

La hipocresía, el orgullo, la repetición sin sentido: Mateo 6:5; Job 35:12-13

No pedir según el testamento de Dios: 1 Juan 5:14

No pedir en nombre de Jesucristo Juan 16:24

Estorbos demoníacos, satánicos: Daniel 10:10-13; Efesios 6:1

No buscando primero el Reino: Es sólo cuando usted busca el Reino de Dios en primer lugar que usted recibe la promesa de las otras cosas: Mateo 6:33

Dios tiene un propósito más alto al negar su petición: 2 corintios 12:8-9

Cuando usted no sabe orar como usted debería, la oración se impide. Por esto es importante permitir el Espíritu Santo orar a través de usted: Romanos 8:26

CUANDO NO ORAR

Es importante aprender a esperar en oración por la guía y dirección del Señor antes de actuar. Pero es igualmente importante saber cuando no orar. Cuando Dios lo llama a la acción, usted debe actuar – no continuar orando.

Por ejemplo, en las aguas amargas de Mara cuando Moisés clamó al Señor, Dios le mostró exactamente qué hacer para dulcificar las aguas. No había ninguna necesidad de esperar al Señor en más oración. Moisés debería actuar en lo que Dios había revelado. El mismo fue verdad de Josué cuando él oró sobre la terrible derrota de Israel en Hai. Dios reveló que había pecado entre las personas de Israel. Él realmente dijo a Josué...

> *Levántate. ¿Por qué te postras así sobre tu rostro?...*
> *Israel ha pecado... Levántate, purifica al pueblo...*
> **Josué 7: 10, 12, y 13**

No era el tiempo para orar. Era tiempo para actuar en la dirección cedida en la oración. Algunas personas usan la oración como una excusa a evitar el envolvimiento y actuar en lo que Dios les ha dicho que hagan. Otros continúan orando cuando Dios ya ha contestado, pero no les gustó la respuesta. Repase la historia de Balaam en Números 22. Note sobre todo los versículos 18-19. Balaam no tenía ningún derecho de ir a Dios con la misma peticion pues Dios le habían prohibido claramente de hacer algo con Israel (vea versículo 12).

COMBINANDO LA ORACIÓN CON EL AYUNO

La oración es aun más poderosa cuando la combinamos con el ayuno. Ayuno, en la definición más simple, es abstenerse de comida.

TIPOS DE AYUNO:

Según la Biblia hay dos tipos de ayunos. El ayuno <u>total</u> es cuando usted no come o bebe en absoluto. Un ejemplo de esto se encuentra en Hechos 9:9. El ayuno parcial es cuando la dieta es restringida. Un ejemplo de esto está en Daniel 10:3.

EL AYUNO PÚBLICO Y PRIVADO:

Ayunar es un asunto personal entre un individuo y Dios. Debe ser hecho en privado y no se alardeará sobre él:

"Cuando ayunéis, no os hagáis los decaídos, como los hipócritas, que descuidan su apariencia para mostrar a los hombres que ayunan. De cierto os digo que ya tienen su recompensa. Pero tú, cuando ayunes, unge tu cabeza y lávate la cara, de modo que no muestres a los hombres que ayunas, sino a tu Padre que está en secreto. Y tu Padre que ve en secreto te recompensará" (Mateo 6:16-18).

Los líderes de la iglesia pueden hacer un llamado público a ayunar, y requerir que todos los hermanos ayunen:

> *¡Tocad la corneta en Sion; pregonad ayuno! ¡Convocad a la asamblea!"* **Joel 2:15**

LOS PROPÓSITOS DEL AYUNO

Hay propósitos espirituales definidos para el ayuno. Es importante que entendamos esto, debido a que el ayuno será inefectivo si lo hacemos por razones incorrectas.

Estudie cada una de las siguientes referencias acerca de los propósitos del ayuno. Estos revelan el gran poder del ayuno en la guerra espiritual. Usted ayuna:

Para humillarse: Salmos 35:13; 69:10

En arrepentimiento por el pecado: Joel 2:12

Para revelación: Daniel 9:2; 3:21-22

Para desatar las ligaduras de impiedad, levantar las cargas de opresión, dejar ir libres a los quebrantados y romper todo yugo: Isaías 58:6

Alimentar a los pobres, tanto física como espiritualmente: Isaías 58:7

Para ser oído por Dios: 2 Samuel 12:16, 22; Jonás 3:5,10

El ayuno no cambia a Dios, él cambia a usted. Dios se relaciona con usted basándose en su relación con Él. Cuando usted cambia, se afecta la manera en que Dios trata con usted.

Usted ayuna no para cambiar a Dios, porque Dios no cambia. Pero el ayuno cambia la forma en que Él trata con usted. Lea el libro de Jonás (en la ciudad de Nínive) como ejemplo de esto.

DURACIÓN DEL AYUNO

La duración del ayuno depende de lo que Dios habla a su espíritu. Él puede conducirle a ayunar por un período de tiempo corto o largo. ¿Usted recuerda la historia de Esaú y Jacob? Originalmente, Jacob estaba cocinando comida para él mismo, pero se negó a sí mismo para obtener el derecho de primogenitura. ¡Cuanta mayor ventaja hubiera tenido Esaú si hubiera ayunado esa única comida!

LAS CONTESTACIONES A LA ORACIÓN ESTÁN GARANTIZADAS:

Inmediatamente, algunas veces: Isaías 65:24; Daniel 9:21-23

Tardíamente, otras veces: Lucas 18:7

A veces, diferentes de nuestros deseos: 2 Corintios 12:8-9

Más allá de nuestras expectativas: Jeremías 33:3; Efesios 3:20

Recuerde: La oración en el jardín no cambió la voluntad de Dios, pero la voluntad de Dios se hizo evidente a través de ella (Hebreos 5:7-9). Nuestras oraciones no han sido contestadas porque no han sido contestadas en la forma en que queremos. Lo que vemos como oraciones no contestadas sirven, muchas veces, a un propósito más alto.

2. El orar de acuerdo al patrón de la oración modelo fomenta actitudes apropiadas:

CUANDO ORAMOS...	DEMOSTRAMOS...
Padre nuestro que estás en los cielos	Una actitud de niño
Santificado sea Tu nombre	Una actitud respetuosa
Venga Tu reino	Una actitud expectante
Hágase Tu voluntad, como en el cielo, así también en la tierra	Una actitud sumisa
El pan nuestro de cada día, dánoslo hoy	Una actitud confiada
Y perdónanos nuestras deudas	Una actitud de arrepentimiento

Como también nosotros perdonamos a nuestros deudores	Una actitud perdonadora
Y no nos metas en tentación, mas líbranos del mal	Una actitud victoriosa
Porque tuyo es el reino, y el poder, y la gloria, por todos los siglos	Una actitud de adoración

3. Lea Santiago 5:17-18. Este es un modelo de oración de poder y de fe debido a que:

Está basado en una promesa definida de Dios: 1 Reyes 18:1

Llena los requisitos de la condición de la promesa: 1 Reyes 18:2

El perseveró a pesar de los informes adversos: 1 Reyes 18:43

4. Estudie los siguientes ejemplos de oraciones poderosas registradas en la Biblia:

Génesis:

Comienzo de la historia de la oración: 4:26

Oración y progreso espiritual: 5:21-24

Oración y el altar: 12-13

Oración por un heredero: 15

Oración, el lenguaje de un lloro: 16

Oración y revelación: 17

Oración por una mala ciudad: 18-19

Oración después de haber caído en error: 20

Oración de obediencia: 22

Oración por una novia: 24

Oración por una esposa estéril: 25:19-23

Oración cambia las cosas: 26

Oración como un voto: 28

Oración acerca de un hermano equivocado: 32

Oración, la puesta en acción de un fuego escondido: 39-41; 45:5-8; 50:20, 24

Oración para bendición sobre las tribus: 48-49

Éxodo:

Oración expresada como un gemido: 1-2

Oración como un diálogo: 3-4

Oración como un reclamo o queja: 5-7

Oración ligada con omnipotencia: 8-10

Oración como alabanza: 15

Oración en momentos de peligro: 17

Oración de los necesitados: 22:22-24

Oración para retardar un juicio merecido: 32

Primera oración de Moisés por Israel: 32:9-14

Segunda oración de Moisés: 32: 30-34

Tercera oración de Moisés 33:12-23

Oración y transfiguración: 34

Números:

Oración como bendición: 6:24-27

Oración para preservación y protección: 10:35-36

Oración para la remoción de juicio: 11:1-2

Oración por un corazón desalentado: 11:10-35

Oración de un hombre manso: 12

Oración para defender el honor divino: 14

Oración para acción divina en contra de la rebelión: 16

Oración para liberación de la muerte: 21

Oración y profecía: 23-24

Oración por un nuevo líder: 27

Deuteronomio:

La oración para una tarea privilegiada: 3:23-29

La oración a uno que es cercano: 4:7

La oración para la suspensión del juicio: 9:20,26-29

La oración como una bendición: 21:6-9

La oración como acción de gracias: 26

La oración como una canción: 32-33

Josué:

La oración como un desafío: 5:13-15

La oración que Dios no contesta: 7

La oración olvidada con resultados horribles: 9:14

Oración que produce un milagro: 10

Jueces:

Oración por dirección: 1

Oración en tiempo de guerra: 4-5

Oración por señales: 6

Oración en la calamidad: 10:10-16

Oración como un trato: 11:30-40

Oración para un futuro niño: 13

Oración ante la muerte: 16:28-31

Oración directamente contestada: 20:23-28

Oración para una tribu perdida: 21:2-3

1 Samuel:

Oración sin palabras: 1

Oración, con perspectiva profética: 2:1-10

Oración en el santuario: 3

Oración por problemas nacionales: 7

Oración por un rey: 8

Oración como vindicación: 12

Oración de un rey angustiado: 14

Oración de un corazón afligido: 15:11

Oración como una pequeña voz silenciosa: 16:1-12

Oración como el secreto de valor: 17

Oración como pregunta: 23

Oración para oídos sordos: 28:7

Oración por restauración de un botín de guerra: 30

2 Samuel:

Oración acerca de la posesión: 2:1

Oración por señales de victoria: 5:19-25

Oración para bendecir la casa y el reino: 7:18-29

Oración por un niño enfermo: 12

Oración como pretensión: 5:7-9

Oración por entendimiento de la aflicción: 21:1-12

Oración como un salmo: 22

Oración como una confesión de orgullo: 24:10-17

1 Reyes:

Oración por un corazón sabio: 3

Oración de dedicación: 8:12-61

Oración por una mano marchita: 13:6

Oración por los cielos cerrados: 17

Oración para la resurrección de un hijo muerto: 17:20-24

Oración para el honor divino: 18:16-41

Oración por perseverancia: 18:45

Oración pidiendo la muerte: 19

2 Reyes:

Oración para un niño muerto: 4:32-37

Oración por visión: 6:13-17

Oración para la liberación de los enemigos desafiantes: 19

Oración para una vida más larga: 20:1-11

1 Crónicas:

Oración por prosperidad espiritual: 4:9-10

Oración como confianza: 5:20

Oración de temor: 13:12

Oración para el establecimiento de un pacto: 17:16-27

Oración contestada por el fuego: 21

Oración como un centinela: 23:30

Oración y ofrendas: 29:10-19

II Crónicas:

Oración en peligro nacional: 14:11

Oración y reforma: 15

Oración y apelación a la historia: 20:3-13

Oración de penitencia: 33:13

Esdras:

Oración de acción de gracias: 7:27-28

Oración y ayuno: 8:21-23

Oración y confesión: 9:5-10:4

Nehemías:

Oración nacida de la angustia: 1:4-11

Oración en estrecho aprieto: 2:4

Oración para la liberación del reproche: 4:1-6

Oración que triunfa sobre la ira: 4:7-9

Oración y restitución: 5

Oración contra la maña: 6:9-14

Oración y la Palabra: 8:1-13

Oración y la bondad de Dios: 9

Oración para ser recordado: 13:14,22,29,31

Job:

Oración por resignación: 1:20-22

Oración por piedad: 6:8-9; 7:17-21

Oración por justificación: 9

Oración contra la injusticia: 10

Oración para luz hacia la inmortalidad: 14:13-22

Oración y ganancia: 21:14-34

Oración y razón: 23

Oración contestada por un torbellino: 38

Oración como confesión: 40:3-5; 42:1-6

Oración como intercesión: 42:7-10

Salmos:

Oración nacida de la rebelión: 3

Oración de santidad: 4

Oración como vigila matutina: 5

Oración por la acción divina: 7

Oración de alabanza por la acción divina: 8

Oración por la preservación aquí y en la vida futura: 16

Oración de la cruz: 22

Oración por el cuidado del pastor: 23

Oración por la manifestación de la gloria divina: 24

Oración que asciende a Dios: 25

Oración de un corazón creyente: 27

Oración como un camafeo de Cristo: 31

Oración de un alma trágica: 32

Oración para protección contra los enemigos: 35

Oración en alabanza de bondad amorosa: 36

Oración de un peregrino: 39, 90, 91,

Oración y su realización: 40

Oración en dolor profundo: 41

Oración como una puerta de esperanza: 42-43

Oración por la ayuda divina: 44

Oración por un refugio: 46

Oración de un corazón quebrantado: 51

Oración en todo momento: 55

Oración de dolor: 57

Oración de confianza: 71

Oración por Dios mismo: 73

Oración de alabanza por la grandeza de Dios: 96

Oración por el escape de las pruebas: 102-103, 105,

Oración de recordación: 106

Oración por aquellos en peligros en el mar: 107

Oración por afinidad a la Escritura: 19, 119,

Oración por indagación del corazón: 139

Proverbios:

Libro que enfoca en las oraciones como el canal de sabiduría.

Eclesiastés:

Libro que discute la oración y el fatalismo.

Cantares:

Secretos de la oración.

Isaías:

La oración que Dios no oye: 1:15; 16:12

Oración y purificación: 6

Oración por una señal: 7:11

Oración de exaltación: 12

Oración de alabanza por los triunfos: 25

Oración por la paz: 26

Oración y confianza: 41

Oración y práctica: 55

Oración impopular a muchos: 59

Oración para la liberación del poder divino: 63-64

Jeremías:

Oración de confesión de incapacidad: 1

Oración de luto por la reincidencia: 2-3

Oración de queja: 4:10-31

Oración de lamento por rebelión: 5

Oración desde la prisión: 6

Oración prohibida: 7:16

Oración por justicia: 10:23-25

Oración de perplejidad: 12:1-4

Oración para alivio del pecado y sequedad: 14:7-22

Oración por venganza divina: 15:15-21

Oración por la confusión de los enemigos: 16:19-21; 17:13-18

Oración para el derrocamiento del consejo malo: 18:18-23

Oración de un corazón desesperado: 20:7-13

Oración de gratitud por la bondad divina: 32:16-25

Oración por un remanente creyente: 42

Lamentaciones:

Oración de dolor: 1:20-22

Oración por piedad: 2:19-22

Oración como queja: 3

Oración por los oprimimos: 5

Ezequiel:

Oración como la protesta: 4:14

Oración por preservación de un residuo: 9:8-11

El santuario de la oración: 11:13-16

Daniel:

Oración por interpretación: 2:17-18

Oración en desafío de un decreto: 6:10-15

Oración de confesión: 9

Oración y sus resultados espirituales: 10

Oración acerca de la brevedad de la vida: 12:8-13

Oseas:

Dios recurre a una nación del reincidente para orar la oración de arrepentimiento.

Joel:

Oración en emergencia: 1:19-20

Oración y lloro: 2:17

Amós:

Oración por tregua y perdón: 7:1-9

Jonás:

Oración de los marineros irreligiosos: 1:14-16

Oración de entre el Infierno: 2

Oración de una ciudad arrepentida: 3

Oración de un profeta disgustado: 4

Miqueas:

Oración de espera en el Señor para el cumplimiento de Su Palabra.

Habacuc:

Oración de queja y vindicación: 1:1-4,12-17

Oración de fe: 3

Malaquías:

Oración - Protesta uno: 1:2

Oración - Protesta dos: 1:6

Oración - Protesta tres: 1:7,13

Oración - Protesta cuatro: 2:17

Oración - Protesta cinco: 3:17

Oración - Protesta seis: 3:8

Mateo:

La oración y la necesidad de perdón: 5:22-26; 6:12,14-15

La oración e la hipocresía: 6:5-7

La oración como enseñada por Cristo: 6:8-13

La oración como especificada por Cristo: 7:7-11

La oración de un leproso: 8:1-4

La oración del centurión: 8:5-13

La oración en el peligro: 8:23-27

La oración de los endemoniados: 8:28-34

La oración de Jairo: 9:18-19

La oración de la mujer enferma: 9:20-22

La oración de dos hombres ciegos: 9:27-31

La oración por obreros: 9:37-39

La oración de gratitud de Cristo a Dios: 11:25-27

La oración en una montaña: 14:23

La oración de Pedro en el dolor: 14:28-30

La oración de la mujer cananea: 15:21-28

La oración por un hijo lunático: 17:14-21

La oración en unidad: 18:19-20

La oración en una parábola: 18:23-25

La oración por una posición privilegiada: 20:20-28

La oración para sanar de ceguedad: 20:29-34

La oración de fe: 21:18-22

La oración de pretensión: 23:14,25

La oración de responsabilidad: 25:20,22,24

La oración de una voluntad resignada: 26:26,36-46

La oración en el Calvario: 27:46,50

Marcos:

La oración de un demonio: 1:23-28,32-34

La oración - Hábitos de Cristo: 1:35; 6:41,46

La oración por el sordo y mudo: 7:31-37

La oración y ayuno: 2:18; 9:29

La oración del gobernante joven: 10:17-22

Lucas:

La oración de Zacarías: 1:8,13,67-80

La oración como culto: 1:46-55

La oración como adoración: 2:10-20,25-38

La oración en el bautismo: 3:21-22

La oración como escape de la popularidad: 5:16

La oración y los doce: 6:12-13,20,28

La oración y transfiguración: 9:28-29

La oración en la forma de parábola: 11:5-13

La oración del pródigo: 15:11-24,29-30

La oración de entre el Infierno: 16:22-31

La oración de diez leprosos: 17:12-19

La oración en la forma de parábola: 18:1-8

La oración del fariseo y del publicano: 18:9-14

La oración por la preservación de Pedro: 22:31-31

La oración de agonía: 22:39-46

La oración y la ascensión del Señor: 24:30,50-53

Juan:

La oración por el Espíritu: 4:9,15,19,28; 7:37-39; 14:16

La oración de un noble: 4:46-54

La oración por el Pan de Vida: 6:34

La oración por Confirmación: 11:40-42

La oración con un aspecto doble: 12:27-28

La oración como un privilegio: 14:13-15; 15:16; 16:23-26

La oración de todas las oraciones: 17

Hechos:

La oración en el aposento alto: 1:13-14

La oración por un sucesor: 1:15-26

La oración y culto: 2:42-47

La oración como una observancia: 3:1

La oración por intrepidez en el testimonio: 4:23-31

La oración y el ministerio de la Palabra: 6:4-7

La oración del primer mártir: 7:55-60

La oración por los Samaritanos y por un hechicero: 8:9-25

La oración de un convertido: 9:5-6,11

La oración para Dorcas: 9:36-43

La oración de Cornelio: 10:2-4,9,31

La oración por Pedro en la prisión: 12:5,12-17

La oración de ordenación: 13:2-3,43

La oración con ayuno: 13:2-3; 14:15,23,26

La oración junto al río: 16:13,16

La oración en un calabozo: 16:25,34

La oración de entrega: 20:36

La oración en un naufragio: 27:33,35

La oración para los heridos con fiebre: 28:8,15,28

Romanos:

La oración por una jornada próspera: 1:8-15

Oración inspirada por el Espíritu: 8:15,23,26-27

La oración por la causa de Israel: 10:1; 11:26

La oración como un ministerio constante: 12:12

La oración por mismo sentir: 15:5-6,30-33

La oración para la conquista de Satanás: 16:20,24-27

2 Corintios:

La oración como una bendición: 1:2-4

La oración para la remoción de un aguijón: 12:7-10

Efesios:

La oración y la posición del creyente: 1:1-11

La oración por percepción y poder: 1:15-20

La oración como acceso a Dios: 2:18; 3:12

La oración por la llenura interna: 3:13-21

La oración y el cántico interior: 5:19-20

La oración como reserva de un guerrero: 6:18-19

Filipenses:

La oración como petición por alegría: 1:2-7

La oración y paz de mente: 4:6-7,19-23

Colosenses:

La oración como alabanza por lealtad: 1:1-8

La oración para una bendición séptupla: 1:9-14

Oración de compañerismo: 4:2-4,12,17

1 Tesalonicenses:

La oración de recordación: 1:1-3

La oración por una visita de retorno: 3:9-13

Oración, alabanza y perfección: 5:17-18,23-24,28

2 Tesalonicenses:

Oración por el mérito del llamado: 1:3,11-12

Oración por consuelo y estabilidad: 2:13,16-17

Oración por la Palabra y protección: 3:1-5

2 Timoteo:

La oración por el ministerio de Timoteo: 1:2-7

La oración por la casa de Onesíforo: 1:6-18

La oración por los amigos falsos: 4:14-18

Hebreos:

La oración como alabanza por la creación: 1:10-12

La oración por misericordia y favor: 4:16

La oración y el ministerio de Cristo: 5:7-8; 7:24-25

La oración para que se complete la voluntad de Dios: 12:9,12,15

La oración por perfección: 13:20-21

Santiago:

La oración por sabiduría: 1:5-8,17

Oración que falla el blanco: 4:2-3

Oración que prevalece: 5:13-18

1 Pedro:

La oración de gratitud por la herencia: 1:3-4

La oración y la relación conyugal: 3:7-12

Oración y vigilancia: 4:7

Oración por estabilidad cristiana: 5:10-11

2 Pedro:

La oración por la multiplicación de gracia y paz: 1:2

3 Juan:

Oración por antecedentes de reputación: 1-4,12

Judas:

Oración en el Espíritu: 20

Apocalipsis:

La oración como alabanza al Cordero por la redención: 5:9

La oración como incienso dorado: 5:8; 8:3

La oración de la multitud de mártires: 6:10

La oración de la multitud de gentiles: 7:9-12

La oración de los ancianos: 11:15-19

La oración de Moisés: 15:3-4

La oración de los santos glorificados: 19:1-10

Oraciones finalizando la Biblia: 22:17,20

CAPÍTULO 2

SÉ QUE MI REDENTOR VIVE DECRETO Y DECLARO ORACIONES PROFÉTICAS

Cuando te enfrentas a una situación de tipo Job y deseas que Dios manifieste Su poder. Las pruebas, las tentaciones y las adversidades de Job y su triunfo final y la restauración de todas sus pérdidas, establecen el hecho de que el gran Redentor vive. Esto es suficiente para disipar cualquier temor que pueda tener con respecto a cualquier experiencia amarga que esté experimentando en este momento.

Job 19:25: "Porque sé que mi Redentor vive, y que parará en el día postrero sobre la tierra:" Nuestro redentor es Dios o el Mesías. La palabra canjear significa comprar nuevamente. Las leyes de la redención de la propiedad se registran en Levítico 25. La propiedad se puede devolver al propietario o a sus familiares en cualquier momento o en el Año del Jubileo.

Jesús es nuestro Redentor Él es el 'Primogénito de toda criatura' (Col 1:15). Él es nuestro Gran Hermano y ha venido a redimirnos de las garras de satanás, el pecado, la enfermedad, la muerte y la pobreza (Gálatas 3:13). Por Su muerte en la cruz, Él nos compró con Su preciosa sangre para que podamos ser Suyos (1 Pedro 1: 18,19).

Jesús está vivo, intercediendo por los santos. Como nuestro Redentor:

nos enseña cómo obtener ganancias, es decir, nos da prosperidad divina y nos aumenta (Isaías 48:17)

nos enseña el camino que debemos seguir, es decir, nos da dirección divina (Isaías 48: 1).

nos da seguridad divina (Salmo 78:35)

nos ayuda, es decir, asistencia divina (Isaías 41:14)

borra nuestros pecados, es decir, el perdón divino (Isaías 44:22) nos elige para la grandeza, es decir, elección divina (Isaías 49: 7)

nos muestra misericordia, es decir, favor divino (Isaías 54: 8)

transfiere la riqueza de los gentiles a ti, es decir, elevación divina (Isaías 60:16)

defiende tu causa (Jeremías 50:34)

redime nuestras vidas de la destrucción, es decir, de la liberación divina (Salmo 103: 4).

Jer. 1:12: Entonces el SEÑOR me dijo: Bien has visto, porque apresuraré mi palabra para cumplirla.

DECRETO Y DECLARO EN EL NOMBRE IMPRESIONANTE DE JESUCRISTO

Decreto y declaro que cancelo mi nombre y el de mi familia del registro de defunción, con el fuego de Dios, en el nombre de Jesucristo.

Decreto y declaro: Toda arma de destrucción hecha contra mí, sea destruida por el fuego de Dios, en el nombre de Jesucristo.

Decreto y declaro, Fuego de Dios, lucha por mí en cada área de mi vida, en el nombre de Jesucristo.

Decreto y declaro: Todo obstáculo para mi protección, sea derretido por el fuego de Dios, en el nombre de Jesucristo.

Decreto y declaro: Todo mal que se congrega contra mí, sea dispersado por el fuego de trueno de Dios, en el nombre de Jesucristo.

Decreto y declaro, oh Señor, que tu fuego destruya toda lista malvada que contenga mi nombre, en el nombre de Jesucristo.

Todos los fracasos del pasado, se convierten al éxito, en el nombre de Jesucristo.

Decreto y declaro, oh Señor, que la lluvia anterior, la lluvia tardía y tu bendición se derramen sobre mí ahora en el nombre de Jesucristo.

Decreto y declaro, oh Señor, que todo el mecanismo de falla del enemigo diseñado en contra de mi éxito sea frustrado, en el nombre de Jesucristo.

Decreto y declaro, recibo poder de lo alto y paralizo todos los poderes de la oscuridad que están desviando mis bendiciones, en el nombre de Jesucristo.

Decreto y declaro: A partir de este día, empleo los servicios del Santo y decreto y declaro, Ángeles de Dios, que me abran todas las puertas de las oportunidades y los avances, en el nombre de Jesucristo.

Decreto y declaro, no daré vueltas en círculos otra vez, progresaré, en el nombre de Jesucristo.

Decreto y declaro: no edificaré para que otro habite y no plantaré para que otro coma, en el nombre de Jesucristo.

Decreto y declaro: paralizo los poderes de los más vacíos con respecto a mi trabajo manual, en el nombre de Jesucristo.

Decreto y declaro, oh Señor, que cada langosta, oruga y gusano de palmera asignados para comer el fruto de mi trabajo sean asados por el fuego de Dios.

Yo decreto y declaro: El enemigo no dañará mi testimonio, en el nombre de Jesucristo.

Decreto y declaro: rechazo todo viaje hacia atrás, en el nombre de Jesucristo.

Decreto y declaro: paralizo a todo hombre fuerte unido a cualquier área de mi vida, en el nombre de Jesucristo.

Decreto y declaro: Que todo agente de la vergüenza creado para trabajar en contra de mi vida quede paralizado, en el nombre de Jesucristo.

Decreto y declaro: paralizo las actividades de maldad doméstica sobre mi vida, en el nombre de Jesucristo.

Decreto y declaro: apago todo extraño fuego que emana de malas lenguas contra mí, en el nombre de Jesucristo.

Decreto y declaro, Señor, dame el poder para el logro máximo en el nombre de Jesucristo.

Decreto y declaro, oh Señor, dame autoridad reconfortante para lograr mi objetivo en el nombre de Jesucristo.

Decreto y declaro Señor, fortaléceme con Tu poder en el nombre de Jesucristo.

(Apoya tu mano derecha en tu cabeza mientras oras este punto de oración.) Toda maldición de trabajo duro sin provecho, rompe, en el nombre de Jesucristo.

(Apoya tu mano derecha en tu cabeza mientras oras este punto de oración.) Toda maldición de no logro, se rompe, en el nombre de Jesucristo.

Pon tu mano derecha sobre tu cabeza y ora así: Toda maldición de atraso, se rompe, en el nombre de Jesucristo.

Decreto y declaro: los poderes contrarios que alimentan la rebelión en mi vida, mueren, en el nombre de Jesucristo.

Toda inspiración de brujería en mi familia, será destruida, en el nombre de Jesucristo.

Sangre de Jesús, borra cada marca maligna de brujería en mi vida, en el nombre de Jesucristo.

Toda prenda que me toque la brujería será despedazada en el nombre de Jesucristo.

Ángeles de Dios, comiencen a perseguir a mis enemigos domésticos, dejen que sus caminos sean oscuros y resbaladizos, en el nombre de Jesucristo.

Señor, confúndelos y vuélvalos contra sí mismos en el nombre de Jesucristo.

Rompo todos los malos acuerdos inconscientes con los enemigos domésticos con respecto a mis milagros, en el nombre de Jesucristo.

La brujería doméstica, caen y mueren, en el nombre de Jesucristo.

Oh Señor, arrastra toda la maldad doméstica al mar muerto y entiérralos allí en el nombre de Jesucristo.

Oh Señor, me niego a seguir el malvado patrón de mis enemigos domésticos en el nombre de Jesucristo.

Mi vida, salta de la jaula de la maldad familiar, en el nombre de Jesucristo.

Ordeno que todas mis bendiciones y potenciales que hayan sido enterrados por enemigos domésticos malvados para ser exhumados, en el nombre de Jesucristo.

Veré la bondad del Señor en la tierra de los vivos, en el nombre de Jesucristo.

Todo lo hecho contra mí para arruinar mi alegría, recibir destrucción, en el nombre de Jesucristo.

Oh Señor, como Abraham recibió favor en Tus ojos, déjame recibir Tu favor, para que pueda destacar en cada área de mi vida en el nombre de Jesucristo.

Señor Jesús, trata generosamente conmigo en este programa en el nombre de Jesucristo.

No importa, si lo merezco o no, recibo inconmensurable favor del Señor, en el nombre de Jesucristo.

Cada bendición que Dios me ha atribuido en este programa no me pasará por alto, en el nombre de Jesucristo.

Mi bendición no será transferida a mi prójimo en este programa, en el nombre de Jesucristo.

Padre Señor, deshonra cada poder que está fuera para frustrar su programa para mi vida, en el nombre de Jesucristo.

Cada paso que dé me conducirá a un éxito sobresaliente, en el nombre de Jesucristo.

Voy a prevalecer con el hombre y con Dios en cada área de mi vida, en el nombre de Jesucristo.

Cada habitación de enfermedad en mi vida, se rompe en pedazos, en el nombre de Jesucristo.

Mi cuerpo, alma y espíritu, rechazan toda carga maligna, en el nombre de Jesucristo.

Mal fundamento en mi vida, hoy te derribo, en el poderoso nombre de Jesucristo.

Cada enfermedad hereditaria en mi vida, apártate de mí ahora, en el nombre de Jesucristo.

Cada agua malvada en mi cuerpo, sal, en el nombre de Jesucristo.

Cancelo el efecto de cada dedicación maligna en mi vida, en el nombre de Jesucristo.

Fuego del Espíritu Santo, inmuniza mi sangre contra el envenenamiento satánico, en el nombre de Jesucristo.

Padre Señor, pon el autocontrol en mi boca, en el nombre de Jesucristo.

Me niego acostumbrarme a la mala salud, en el nombre de Jesucristo.

Cada puerta abierta a la enfermedad en mi vida, es permanentemente cerrada hoy, en el nombre de Jesucristo.

Todo poder que me descontenta con Dios en mi vida, sea asado, en el nombre de Jesucristo.

Cada poder que impide que la gloria de Dios se manifieste en mi vida, se paraliza, en el nombre de Jesucristo.

Me libero del espíritu de desolación, en el nombre de Jesucristo.

Dejo que Dios sea Dios en mi hogar, en el nombre de Jesucristo.

Dejo que Dios sea Dios en mi salud, en el nombre de Jesucristo.

Dejo que Dios sea Dios en mi carrera, en el nombre de Jesucristo.

Dejo que Dios sea Dios en mi economía, en el nombre de Jesucristo.

Gloria de Dios, envuelve cada departamento de mi vida, en el nombre de Jesucristo.

El Señor que responde por fuego, sea mi Dios, en el nombre de Jesucristo.

En este programa, todos mis enemigos se dispersarán para no levantarse más, en el nombre de Jesucristo.

Sangre de Jesús, llora contra todas las reuniones malvadas organizadas por mi bien, en el nombre de Jesucristo.

Padre Señor, convierte todos mis fracasos pasados en victorias ilimitadas, en el nombre de Jesucristo.

Señor Jesús, crea espacio para mi avance en cada área de mi vida en el nombre de Jesucristo.

Todos los malos pensamientos en mi contra, Señor conviértelos en buenos para mí en el nombre de Jesucristo.

Padre, Señor, quita los hombres malvados de mi vida donde las decisiones malvadas han sido tomadas en mi contra, en el nombre de Jesucristo.

Oh, Señor, anuncia Tu desconcertante prosperidad en mi vida en el nombre de Jesucristo.

Que caigan las duchas de una prosperidad desconcertante en todos los ámbitos de mi vida, en el nombre de Jesucristo.

Reclamo toda mi prosperidad en este programa, en el nombre de Jesucristo.

Cada puerta de mi prosperidad que ha sido cerrada, se abrirá ahora, en el nombre de Jesucristo.

Oh Señor, convierte mi pobreza en prosperidad, en el nombre de Jesucristo.

Oh Señor, convierte mi error a la perfección, en el nombre de Jesucristo.

Oh Señor, convierte mi frustración en realización, en el nombre de Jesucristo.

Oh Señor, saca miel de la roca por mí, en el nombre de Jesucristo.

Me opongo a todo pacto malvado de muerte súbita, en el nombre de Jesucristo.

Rompo todo pacto malvado consciente e inconsciente de muerte prematura, en el nombre de Jesucristo.

Espíritu de muerte e infierno, no tienes ningún documento en mi vida, en el nombre de Jesucristo.

Piedras de la muerte, apartaos de mis caminos, en el nombre de Jesucristo.

Oh Señor, hazme una voz de liberación y bendición ene el nombre de Jesucristo.

Piso los lugares altos de los enemigos, en el nombre de Jesucristo.

Yo ato y vuelvo inútil, cada demonio chupador de sangre, en el nombre de Jesucristo.

Tu malvada corriente de muerte, suelta tu control sobre mi vida, en el nombre de Jesucristo.

Frustra las decisiones de los operadores del mal en mi vida en el nombre de Jesucristo.

Pisé los lugares altos de los enemigos, en el nombre de Jesucristo.

Yo ato y vuelvo inútil, cada demonio chupador de sangre, en el nombre de Jesucristo.

Tu malvada corriente de muerte, suelta tu control sobre mi vida, en el nombre de Jesucristo.

Frustré las decisiones de los abridores del mal en mi familia, en el nombre de Jesucristo.

Fuego de protección, cubre a mi familia, en el nombre de Jesucristo.

Oh Señor, haz mi camino perfecto, en el nombre de Jesucristo.

A lo largo de los días de mi vida, no seré avergonzado más, en el nombre de Jesucristo.

Decreto y declaro: rechazo toda prenda de vergüenza, en el nombre de Jesucristo.

Yo decreto y declaro, rechazo todo zapato de vergüenza, en el nombre de Jesucristo.

Decreto y declaro: rechazo todo sombrero en mi cabeza y gorro de vergüenza, en el nombre de Jesucristo.

La vergüenza no será mi suerte, en el nombre de Jesucristo.

Cada limitación demoníaca de mi progreso como resultado de la vergüenza, debe eliminarse, en el nombre de Jesucristo.

Cada red de vergüenza a mi alrededor, esta paralizado, en el nombre de Jesucristo.

Aquellos que buscan mi vergüenza morirán por mí, en el nombre de Jesucristo.

En cuanto a la vergüenza, no registraré ningún punto para satanás, en el nombre de Jesucristo.

En el nombre de Jesucristo, no comeré el pan del dolor, no comeré el pan de la vergüenza y no comeré el pan de la derrota en el nombre de Jesucristo.

Ningún mal me tocará a lo largo de mi vida, en el nombre de Jesucristo.

En este programa, alcanzaré mi objetivo, en el nombre de Jesucristo.

En cada área de mi vida, mis enemigos no me atraparán, en el nombre de Jesucristo.

En cada área de mi vida, correré y no me cansaré, caminaré y no me desmayaré en el nombre de Jesucristo.

Oh Señor, en cada área de mi vida, no dejes que mi vida te deshonre en el nombre de Jesucristo.

No seré una víctima del fracaso y no me morderé el dedo por ninguna razón, en el nombre de Jesucristo.

Ayúdame, oh Señor, a encontrarme con el estándar de Dios para mi vida en el nombre de Jesucristo.

Me niego a ser un candidato para el espíritu de la amputación, en el nombre de Jesucristo.

Con cada día de mi vida, me moveré a un terreno más elevado, en el nombre de Jesucristo.

Todo espíritu de vergüenza que se pone en movimiento contra mi vida, te ato, en el nombre de Jesucristo.

Todos los espíritus que compiten con mis avances, son encadenados, en el nombre de Jesucristo.

Yo ato a todo espíritu de esclavitud, en el nombre de Jesucristo.

En todos los días de mi vida, deshonro a todos mis perseguidores testarudos, en el nombre de Jesucristo.

Ato, todo espíritu de Herodes, en el nombre de Jesucristo.

Todo espíritu desafiando a mi Dios, sea deshonrado, en el nombre de Jesucristo.

Cada Mar Rojo delante de mí, se separa, en el nombre de Jesucristo.

Yo ordeno a cada espíritu de mal final que se vincule en cada área de mi vida, en el nombre de Jesucristo.

Todos los espíritus de Saúl, sean deshonrados en mi vida, en el nombre de Jesucristo.

Cada espíritu de Faraón, sea deshonrado en mi vida, en el nombre de Jesucristo.

Rechazo toda invitación malvada al atraso, en el nombre de Jesucristo.

Yo ordeno que cada piedra de obstáculo en mi vida sea removida, en el nombre de Jesucristo.

Padre Señor, quita todas las piedras de la pobreza de mi vida, en el nombre de Jesucristo.

Deje que todas las piedras de infertilidad en mi matrimonio se deshagan, en el nombre de Jesucristo.

Que cada piedra de no logro en mi vida sea removida, en el nombre de Jesucristo.

Dios mío, quita todas las piedras de las penurias y la esclavitud de mi vida, en el nombre de Jesucristo.

Dios mío, tira cada piedra del fracaso plantada en mi vida, mi hogar y en mi negocio, en el nombre de Jesucristo.

Ustedes piedras de obstáculo, plantados al borde de mis avances, sean removidos, en el nombre de Jesucristo.

Ustedes piedras de estancamiento, estacionadas en el límite de mi vida, sean removidas, en el nombre de Jesucristo.

Dios mío, permite que cada piedra del "amputador" plantada al principio de mi vida, en el medio de mi vida y al final de mi vida, sea removida, en el nombre de Jesucristo.

Padre Señor, te agradezco por todas las piedras que has rodado, prohíbo su regreso, en el nombre de Jesucristo.

Deja que el poder de arriba venga sobre mí, en el nombre de Jesucristo.

Padre, anuncia tu poder en cada área de mi vida, en el nombre de Jesucristo.

Padre, hazme un generador de energía, a lo largo de los días de mi vida, en el nombre de Jesucristo.

Deje que el poder de vivir una vida santa a lo largo de los días de mi vida caiga sobre de mí, en el nombre de Jesucristo.

Deje que el poder de vivir una vida victoriosa a lo largo de los días de mi vida caiga sobre mí, en el nombre de Jesucristo.

Deje que el poder para prosperar a lo largo de los días de mi vida caiga sobre mí, en el nombre de Jesucristo.

Deje que el poder de tener buena salud durante todos los días de mi vida caiga sobre mí, en el nombre de Jesucristo.

Deje que el poder de deshonrar a mis enemigos a lo largo de los días de mi vida caiga sobre mí, en el nombre de Jesucristo.

Deje que el poder de Cristo descanse sobre mí ahora, en el nombre de Jesucristo.

Deje que el poder de atar y desatar caiga sobre de mí ahora, en el nombre de Jesucristo.

Padre, Señor, deja que Tu llave de reavivamiento abra cada departamento de mi vida para tu fuego de avivamiento, en el nombre de Jesucristo.

Decreto y declaro Cada área de mi vida que está en el punto de la muerte, reciba el toque de avivamiento, en el nombre de Jesucristo.

Padre, Señor, envía tu fuego y tu unción a mi vida, en el nombre de Jesucristo.

Cada área sin escrúpulos en mi vida, reciba el toque de fuego y sea crucificada, en el nombre de Jesucristo.

Decreto y declaro, deja caer el fuego y consume todos los obstáculos en mis avances, en el nombre de Jesucristo.

Decreto y declaro: Tú obstinados problemas en mi vida, recibe la dinamita del Espíritu Santo, en el nombre de Jesucristo.

Tú llevas a cabo el milagro de mis pasados ayunos y oraciones, recibe el toque de fuego y se materializa, en el nombre de Jesucristo.

Fuego del Espíritu Santo, bautízame con un milagro de oración, en el nombre de Jesucristo.

Cada área de mi vida que necesita liberación, recibe el toque de fuego y se libera, en el nombre de Jesucristo.

Permite que mis ángeles de bendición me ubiquen ahora, en el nombre de Jesucristo.

Cada programa satánico de imposibilidades, te cancelo ahora, en el nombre de Jesucristo.

Toda maldad doméstica y su programa de imposibilidades, estan paralizados en el nombre de Jesucristo.

Ninguna maldición caerá sobre mi cabeza, en el nombre de Jesucristo.

A lo largo de los días de mi vida, no malgastaré dinero en mi salud: el Señor será mi sanador, en el nombre de Jesucristo.

Durante los días de mi vida, estaré en el lugar correcto en el momento correcto en el nombre de Jesucristo.

A lo largo de los días de mi vida, no me apartaré del fuego de la protección de Dios, en el nombre de Jesucristo.

Durante los días de mi vida, no seré candidato para una enfermedad incurable, en el nombre de Jesucristo.

Todas las armas de cautiverio, sean deshonradas, en el nombre de Jesucristo.

Señor, antes de terminar este programa, necesito un milagro excepcional en cada área de mi vida en el nombre de Jesucristo.

Deje que cada ataque planeado contra el progreso de mi vida sea frustrado, en el nombre de Jesucristo.

Ordeno a los espíritus de hostigamiento y tormento que me dejen, en el nombre de Jesucristo.

Señor, comienza a hablar con solidez en mi mente y mi ser en el nombre de Jesucristo.

Revoco cada maldición de brujería emitida contra mi progreso, en el nombre de Jesucristo.

Condeno a todos los espíritus que me condenan, en el nombre de Jesucristo.

Deje que la precisión divina entre en mi vida y opera en mi en el nombre de Jesucristo.

Ninguna directriz maligna se manifestará en mi vida, en el nombre de Jesucristo.

Que los planes y propósitos del cielo se cumplan en mi vida, en el nombre de Jesucristo.

Oh Señor, tráeme a tus amigos que reverencian tu nombre y mantén alejados a todos los demás en el nombre de Jesucristo.

Permite que la fuerza divina entre en mi vida, en el nombre de Jesucristo.

Oh Señor, haz que seas real en mi vida en el nombre de Jesucristo.

Oh Señor, muéstrate en mi vida hoy en el nombre de Jesucristo.

Que todas las fortalezas que trabajan en contra de mi paz sean destruidas, en el nombre de Jesucristo.

Deje que el poder de destruir cada decreto de oscuridad que opera en mi vida caiga sobre de mí ahora, en el nombre de Jesucristo.

Señor, libera mi lengua del malvado silencio en el nombre de Jesucristo.

Señor, deja que mi lengua les cuente a los demás tu vida en el nombre de Jesucristo.

Señor, suelta mi lengua y úsala para tu Gloria en el nombre de Jesucristo.

Señor, deja que mi lengua traiga ovejas descarriadas al redil en el nombre de Jesucristo.

Señor, permite que mi lengua fortalezca a los que están desanimados en el nombre de Jesucristo.

Señor, deja que mi lengua guíe a los tristes y solitaries en el nombre de Jesucristo.

Señor, bautiza mi lengua con amor y fuego en el nombre de Jesucristo.

Que todos los perseguidores impenitentes y obstinados sean deshonrados en mi vida, en el nombre de Jesucristo.

Que toda maldición de hierro que trabaja contra mi vida sea rota por la sangre de Jesús, en el nombre de Jesucristo.

Que cada problema diseñado para deshonrarme reciba abierta vergüenza, en el nombre de Jesucristo.

Que cada problema que este anclado en mi vida sea desarraigado, en el nombre de Jesucristo.

Múltiples convenios malvados, sean quebrantados por la sangre de Jesús, en el nombre de Jesucristo.

Múltiples maldiciones, sean rotas por la sangre de Jesús, en el nombre de Jesucristo.

Todo lo que se haga contra mí con los candados malvados, será anulado por la sangre de Jesús, en el nombre de Jesucristo.

Todo lo que se haga contra mí en cualquier cruce de caminos, será anulado por la sangre de Jesús, en el nombre de Jesucristo.

Que cada demonio terco y resistente a la oración reciba piedras de fuego y trueno, en el nombre de Jesucristo.

Cada enfermedad obstinada y resistente a la oración, suelta tu maldad sobre mi vida, en el nombre de Jesucristo.

Todos los problemas asociados con los muertos serán destruidos por la sangre de Jesús, en el nombre de Jesúucristo.

Recupero mi propiedad robada siete veces, en el nombre de Jesucristo.

Que cada recuerdo maligno sobre mí sea borrado por la sangre de Jesús, en el nombre de Jesucristo.

Decreto y declaro, no permitas que mis avances sean enjaulados, en el nombre de Jesucristo.

Dejen que el sol de mi prosperidad surja y esparzan todas las nubes de estancamiento, frustración, atraso y pobreza, en el nombre de Jesucristo.

Decreto el avance imparable sobre mi vida, en el nombre de Jesucristo.

Yo empapo todos los días de mi vida en la sangre de Jesús y en señales y prodigios, en el nombre de Jesucristo.

Rompo toda fortaleza de opresión en mi vida, en el nombre de Jesucristo.

Que cada alegría satánica sobre mi vida sea terminada, en el nombre de Jesucristo.

Paralizo toda maldad doméstica, en el nombre de Jesucristo.

Deje que cada río satánico que se extiende se seque por la sangre de Jesús, en el nombre de Jesucristo.

Ato cada espíritu ancestral y les ordeno que pierdan su control sobre mi vida, en el nombre de Jesucristo.

Decreto y declaro, oh Señor, dame autoridad reconfortante para lograr mi objetivo en el nombre de Jesucristo.

Decreto y declaro, Señor, fortaléceme con Tu poder en el nombre de Jesucristo.

(Apoya tu mano derecha en tu cabeza mientras oras este punto de oración.) Toda maldición de trabajo duro sin provecho, se rompe, en el nombre de Jesucristo.

(Apoya tu mano derecha en tu cabeza mientras oras este punto de oración.) Toda maldición de no logro, se rompe, en el nombre de Jesucristo.

Pon tu mano derecha sobre tu cabeza y ora así: Toda maldición de atraso, rompe, en el nombre de Jesucristo.

Decreto y declaro: paralizo todo espíritu de desobediencia en mi vida, en el nombre de Jesucristo.

Decreto y declaro, me niego a desobedecer la voz de Dios, en el nombre de Jesucristo.

CAPÍTULO 3

DECRETO Y DECLARO QUE LA AMPLIACIÓN ES MI PORCIÓN EN EL NOMBRE DE JESUCRISTO

ESCRITURAS Isaías 60:22, Jeremías 30:19; 2 Samuel 22:37; 1 Crónicas 4:10 Ester 4:14, Isaías 54: 2, 3.

Decreto y declaro tal como está escrito: "Ensancha el sitio de tu tienda, y las cortinas de tus habitaciones sean extendidas; no seas escasa; alarga tus cuerdas, y refuerza tus estacas" (Isaías 54: 2). Es mi época de Total restauración y ampliación a mi alrededor, en el nombre de Jesucristo.

Esta es su temporada de Posibilidades, su Temporada de Ampliación. Es tu tiempo para poseer todo lo que el Señor te ha prometido. Usted tiene Su palabra profética y segura para esto: "Agrande el lugar de su tienda, y extienda las cortinas de sus moradas; No ahorres; alarga tus cuerdas y fortalece tus estacas (Isaías 54: 2). El Alfarero del Cielo quien te creó para el cumplimiento del destino te está diciendo en esta Escritura que te prepares para recibir las bendiciones masivas que recibirás este año. Seguramente tendrá suficiente espacio para que pueda acomodar todo lo que Él ha ordenado para usted y su familia y su situación nunca será la misma.

Su alcance de operación, por lo tanto, debe cambiar; su esfera de influencia debe ser ampliada para la mayor manifestación.

Al igual que los hijos de los profetas, el lugar donde te encuentras hoy en día se vuelve demasiado pequeño y te restringe para operar en una dimensión mayor. "Y los hijos de los profetas dijeron a Eliseo: Mira, el lugar donde moramos contigo es demasiado pequeño para nosotros. Por favor, vayamos al Jordán, y que cada hombre tome una viga de allí, y hagamos que haya un lugar donde podamos morar ". Entonces él respondió: 'Ve'" (2 Reyes 6: 1). La ampliación que experimentará es ordenada por el Cielo y no por la voluntad de los hombres para que nadie se jacte y tome la gloria. Pero solo DIOS merece toda la alabanza y gloria ¡Aleluya! Sea como fuere, la ampliación que deseas puede no llegar hasta que tomes algunas medidas prácticas en esa dirección para su activación. Asi que, por lo tanto:

Deseo y decreto de ampliación.

Confiesa y declara tu ampliación.

Orando fervientemente en el reino de la ampliación.

Ejercita tu fe violenta y tomalo por la fuerza.

Recuerda: debes aprovechar lo que el Cielo te ha ordenado mediante la violencia de la fe, la audacia santa y la guerra implacable en la oración. "Y desde los días de Juan el Bautista hasta ahora, EL REINO DEL CIELO SUFRE VIOLENCIA, Y EL VIOLENTO LO TOMA POR FUERZA" (Mateo 11:12). La ampliación divina es tu porción. Es su herencia en Cristo, comprada para usted por su preciosa sangre en la Cruz del Calvario. ¡Tómalo ahora, en el nombre de Jesucristo!

Decreto y declaro: Ungeme para la ampliación sobrenatural, cae sobre mí, en el nombre de Jesucristo.

Cada altar levantado contra mi agrandamiento, es esparcido por el fuego, en el nombre de Jesucristo.

Puertas de mi ampliación, abiertas por fuego, en el nombre de Jesucristo.

Cielos de mi ampliación, abiertos por fuego, en el nombre de Jesucristo.

Mi ampliación en cualquier nación del mundo, se manifiesta ahora, en el nombre de Jesucristo.

Mi ampliación se ve en mis sueños, se manifiesta ahora, en el nombre de Jesucristo.

Arreglo para mi ampliación, manifiesto ahora, en el nombre de Jesucristo.

Plataformas para mi ampliación, se manifiestan ahora, en el nombre de Jesucristo.

Ubicaciones para mi ampliación, se manifiestan ahora, en el nombre de Jesucristo.

Mantos de ampliación, caen sobre de mí, en el nombre de Jesucristo.

El favor de la ampliación, fluye en mi vida, en el nombre de Jesucristo.

La gracia de la ampliación fluye en mi vida, en el nombre de Jesucristo.

Las misericordias de la ampliación fluyen en mi vida, en el nombre de Jesucristo.

Señor mi Padre, prepara mi ampliación, en el nombre de Jesucristo.

Ayudantes ordenados para facilitar mi ampliación, aparezcan ahora, en el nombre de Jesucristo.

Organización ordenada para facilitar mi ampliación, aparecen ahora, en el nombre de Jesucristo.

Todos los embargos de mi ampliación serán levantados ahora, en el nombre de Jesucristo.

Cada limitación en mi ampliación, se rompe ahora, en el nombre de Jesucristo.

Cada restricción en mi ampliación, se rompe ahora, en el nombre de Jesucristo.

Cada tapa de mi ampliación, se eliminará ahora, en el nombre de Jesucristo.

Toda prohibición satánica de mi agrandamiento debe ser eliminada ahora, en el nombre de Jesucristo.

Toda malvada sanción contra mi ampliación, sea removida ahora, en el nombre de Jesucristo.

Cada cuadrilla contra mi ampliación, sea dispersada por el fuego ahora, en el nombre de Jesucristo.

Toda manipulación contra mi ampliación, sea eliminada ahora, en el nombre de Jesucristo.

Cada frustración que impide mi ampliación, se eliminará ahora, en el nombre de Jesucristo.

Cada aplazamiento de mi ampliación, se cancelará ahora, en el nombre de Jesucristo.

Cada sitio frustrando mi ampliación, se romperá ahora, en el nombre de Jesucristo.

Decreto y declaro que cualquier Telaraña de la oscuridad que impida mi agrandamiento, sea asada al fuego, en el nombre de Jesucristo.

Decreto y declaro, los enemigos de la Línea Final frustrando mi ampliación, sean deshonrados, en el nombre de Jesucristo.

Decreto y declaro, la campaña del mal contra mi ampliación, será cancelada, en el nombre de Jesucristo.

Decreto y declaro, los sueños extraños que abortan mi ampliación, serán canceladas, en el nombre de Jesucristo.

Decreto y declaro: Cualquier arma que se forme contra mi agrandamiento, no prosperará, en el nombre de Jesucristo (Isaías 54:17).

Decreto y declaro: Mi ampliación para este año no se pospondrá nuevamente, en el nombre de Jesucristo.

Decreto y declaro: no más conspiración contra mi ampliación, en el nombre de Jesucristo.

Decreto y declaro, Dios respaldará mi ampliación ahora, en el nombre de Jesucristo.

Decreto y declaro que el Arreglo para mi ampliación se manifestará ahora, en el nombre de Jesucristo.

Decreto y declaro: Por el presente se eliminan los obstáculos que impiden mi ampliación en nombre de Jesucristo.

Decreto y declaro que los Goliats y Faraones de la oscuridad que hostiguen mi ampliación caducarán por fuego, en el nombre de Jesucristo.

Decreto y declaro que Mi época de ampliación está aquí ahora, en el nombre de Jesucristo.

Decreto y declaro, recibo las llaves de la ampliación, en el nombre de Jesucristo.

DECRETO Y DECLARO QUE LA MANIFESTACIÓN DIVINA ES MI PORCIÓN EN EL NOMBRE DE JESUCRISTO

ESCRITURAS Juan 2:11, Romanos 8:19, Salmo 33: 9, Jeremías 33:14, Isaías 14:24, Proverbios 13:12, Romanos 4:21

Decreto y declaro, me levantaré y brillaré porque mi luz ha llegado! Y la gloria de Jehová ha nacido sobre mí ... Jehová se levantará sobre mí, y se verá su gloria sobre mí. Los Gentiles [incrédulos] vendrán a mi luz, y REYES A LA BRILLO DE MI SALIDA, en el nombre de Jesucrsito (Isaías 60: 1-3).

Juan 2:11 Este principio de las señales hizo Jesús en Caná de Galilea, y manifestó su gloria; y sus discípulos creyeron en él

Romanos 8:19, "Porque la ferviente expectativa de la criatura espera la manifestación de los hijos de Dios" "De cierto, de cierto te digo, el que cree en mí, las obras que yo hago, él las hará también; y obras mayores que estas hará ... "(Juan 14:12). Usted manifestará su gloria dada por Dios y en una dimensión mucho mayor, en el nombre de Jesús. ¡Ahora entra en tu tiempo de manifestación!

Decreto y declaro la unción del Señor para las manifestaciones, vuelen a caer sobre mí, en el nombre de Jesucristo.

Decreto y delcaro, todos los ataques oscuros sobre mis manifestaciones, son esparcidos por el fuego en el nombre de Jesucristo.

Decreto y declaro, ladrones espirituales asignados en contra de mis manifestaciones, son consumidos por fuego en el nombre de Jesucristo.

Decreto y declaro que todos y cada uno de los poderes fundacionales que dicen "NO" a mi manifestación, que sean consumidos por fuego, en el nombre de Jesucristo.

La Biblia dice Lamentaciones 3:36 - 37 Trastornar al hombre en su causa, el Señor no lo aprueba. ¿Quién sera aquel que diga que y sucedio algo que Jehová no lo mando?

Decreto y declaro cada poder de monitoreo asignado contra mis manifestaciones, sean consumidos por fuego en el nombre de Jesucristo.

La Biblia dice: Números 14:28 Diles: "Vivo yo, dice el SEÑOR, que así como hablaste a mis oidos, así te haré a ti".

Decreto y declaro gritar en voz alta, emitiendo órdenes fuertes.

(Orando al escoger de la lista a continuación) _____, te rechazo, en el nombre de Jesucristo.

1. Propuesta de manifestación

2. Ciclo de expectativas fallidas: no más fracasos

3.Ciclo de esperanzas frustradas: desilusiones

4.Mecanismo repetido de falla de manifestación

5.Crisis en vísperas de la manifestación

6.Diversión de manifestación

7.Manipulación de la manifestación

8.Perseguida sanción en mi manifestación

9.Frustración de la manifestación

10.Retraso de la manifestación o denegaciones

Decreto y declaro Batallas que rodean mis manifestaciones y la de mi familia, escuchen la palabra del Señor: Dispersión por fuego, en el nombre de Jesucristo.

Hechos 10:38 Cómo Dios ungió a Jesús de Nazaret con el Espíritu Santo y con poder, y fue haciendo el bien y sanando a todos los oprimidos por el diablo, porque Dios estaba con él.

Salmos 30: 5 porque su enojo es solo por un momento, su favor es por la vida; el llanto puede durar una noche, pero la alegría llega por la mañana.

Buenas noticias es un lubricante; es un aceite de alegría para un corazón pesado. Cuando las buenas noticias ubican a un individuo, es alegría, alegría y regocijo en esa vida. De repente, las nubes oscuras se alejan y hay luz del sol en el corazón. Las buenas noticias crean una atmósfera de elevación emocional y brindan socorro. La Biblia lo expresa vívidamente de esta manera: "Como agua fría a una alma cansada, así son las buenas nuevas de un país lejano" (Proverbios 25:25). Cuando has estado esperando al Señor por un tiempo ahora para un milagro sobre ese asunto apremiante. Este año, Él te responderá por fuego, en el nombre de Jesucristo.

La Escritura dice: "La esperanza diferida hace que el corazón se enferme, pero cuando llega el deseo, es un árbol de la vida" (Proverbios 13:12). Es posible que haya estado esperando tanto ese deseo que empiece a preguntarse si alguna vez sucederá. Tengo buenas noticias para ti: ¡no te desesperes, espera! Tus buenas noticias esperadas vendrán; ya no tardará más. Sus desafíos pronto se convertirán en historia y toda la espera habrá valido la pena, después de todo. Lo único que se te permite encontrar en esta temporada son buenas noticias del norte, sur, este y oeste. Nadie, excepto la gente malvada, celebra las malas noticias. Es por eso que cualquier noticia que no permita o llame a una celebración jubilosa no llegará a ninguna parte cerca de su vivienda este año, en el nombre de Jesucristo.

Cuando el patriarca Jacob, padre de José, escuchó las buenas nuevas de que su hijo (a quien había dado por muerto) estaba realmente sano y salvo, hizo que su corazón se sobresaltara alegremente. "Entonces salieron de Egipto, y vinieron a la tierra de Canaán a Jacob, su padre ... Y ellos le dijeron, diciendo: José vive todavía ... "El espíritu de Jacob su padre revivió" (Génesis 45: 25-27) . Dios es el dispensador de las buenas nuevas y Él lanzará una corriente de ellas en su vida este año, en el nombre de Jesucristo.

"¡Oh, aplaudan, todos ustedes! ¡Griten a Dios con la voz del triunfo! "(Salmos 47: 1). Buenas noticias es su porción en esta temporada y más allá, en el nombre de Jesucristo.

El Señor me hará oír gozo y alegría siempre, en el nombre de Jesucristo.

Decreto y declaro, que recibo la unción para escuchar alegría y alegría, en el nombre de Jesucristo.

Decreto y declaro, recibo la gracia de escuchar alegría y alegría, en el nombre de Jesucristo.

Yo decreto y declaro, recibo poder para escuchar alegría y alegría, en el nombre de Jesucristo.

Decreto y declaro, recibo capacitación para escuchar alegría y alegría, en el nombre de Jesucristo.

Decreto y declaro, recibo misericordia para escuchar alegría y alegría, en el nombre de Jesucristo.

Decreto y declaro, recibo el favor de escuchar alegría y alegría, en el nombre de Jesucristo.

Ungiendo por las Buenas Nuevas, caen en mí, mi familia y mi trabajo, en el nombre de Jesucristo.

Buenas noticias que me harán testificar, ¿dónde están? Manifiestence, en el nombre de Jesucristo.

Puertas de buenas noticias que he estado llamando durante años, escuche la palabra de Dios: abierto por fuego, en el nombre de Jesucristo.

Informes negativos, noticias negativas, discusiones negativas, proyecciones negativas, predicciones negativas, declaraciones negativas, informes médicos negativos, en esta temporada y más allá, no soy tu candidato (también ore a través de la lista a continuación) _____ En el nombre de Jesucristo y por el poder de Su sangre, cancelo las malas noticias.

Mi esposa / esposo no es tu candidato

Mis hijos no son tus candidatos

Mi trabajo no es tu candidato

Mi negocio no es tu candidato

Mi futuro no es tu candidato

Buenas noticias que harán que mis oídos se estremezcan, te recibo, en el nombre de Jesucristo.

Buenas noticias de aquellos que me han hecho promesas, manifiestence ahora, en el nombre de Jesucristo.

Buenas noticias que convocarán a celebraciones para mí, se manifiestan ahora, en el nombre de Jesucristo.

Buenas noticias de mis ayudantes del destino, manifestence ahora, en el nombre de Jesucristo.

Buenas noticias de todas mis inversiones, se manifiestan ahora, en el nombre de Jesucristo.

Buenas noticias que harán que mis enemigos vengan y me pidan perdón, se manifiestan ahora, en el nombre de Jesucristo.

Buenas noticias que me sorprenderán, se manifiestan ahora, en el nombre de Jesucristo.

Buenas noticias de donde he sido olvidado, se manifiestan ahora, en el nombre de Jesucristo.

Buenas noticias de donde he sido rechazado, se manifiestan ahora, en el nombre de Jesucristo.

Buenas noticias que cambiarán mi historia para siempre, se manifiestan ahora, en el nombre de Jesucristo.

Las malas noticias estarán lejos de mí y de mi familia ahora, en el nombre de Jesucristo.

Los agentes de buenas nuevas nos visitarán a mí y a mi familia, en el nombre de Jesucristo.

Decreto y declaro que recibo mis cartas de nombramiento de buenas nuevas, en el nombre de Jesucristo.

Decreto y declaro, recibo mis correos electrónicos de buenas noticias en esta temporada, en el nombre de Jesucristo.

Decreto y declaro, recibo mensajes de texto de buenas nuevas, en esta temporada, en el nombre de Jesucristo.

Decreto y declaro, recibo llamadas telefónicas de buenas noticias en esta temporada, en el nombre de Jesucristo.

Decreto y declaro, recibo documentos de buenas noticias en esta temporada, en el nombre de Jesucristo.

Decreto y declaro, recibo sorpresas de buenas nuevas en esta temporada, en el nombre de Jesucristo.

Decreto y declaro, recibo manifestaciones de buenas nuevas en esta temporada, en el nombre de Jesucristo.

Decreto y declaro, recibo buenas noticias inesperadas en esta temporada, en el nombre de Jesucristo.

Decreto y declaro, recibo buenas noticias repentinas en esta temporada, en el nombre de Jesucristo.

Decreto y declaro, recibo una invitación a las buenas nuevas en esta temporada, en el nombre de Jesucristo.

Decreto y declaro, concerniente a mi familia - hogar / salud / finanzas / portador - negocios / deseos, buenas nuevas, en el nombre de Jesucristo

Decreto y declaro, (Escogiendo uno después del otro de la lista a continuación) _____
en esta temporada, en el nombre de Jesucristo.

Donde sea que vaya

Dondequiera que me dirijo

Cualquier persona que encuentre

Cualquier reunión a la que asista

En mi sueño / sueños

Cuando estoy despierto

Todo a mi alrededor

Gracias a Dios por las buenas noticias recibidas.

Decreto y declaro Oraciones por Cielos Abiertos y Confesiones que traen prosperidad, progreso y promociones.

Decreto y declaro, me deleito en la Palabra del Señor, por lo tanto, soy bendecido. Riqueza y riquezas estarán en mi casa, y mi justicia perdurará para siempre en el nombre de Jesucristo. (Salmo 112: 1-3)

Decreto y declaro: me acuerdo del Señor mi Dios, porque es Él quien me da poder para obtener riquezas en el nombre de Jesucristo. (Deuteronomio 8:18)

Decreto y declaro: conmigo están las riquezas y el honor, la riqueza perdurable y la prosperidad. En el nombre de Jesucristo. (Proverbios 8:18.)

Decreto y declaro, estoy coronado de riqueza. En el nombre de Jesucristo. (Proverbios 14:24.)

Decreto y declaro, conozco la gracia de mi Señor Jesucristo, que aunque era rico, por amor a mí se hizo pobre, para que por su pobreza yo fuera rico. (2 Corintios 8: 9)

Decreto y declaro, grito de alegría: Sea engrandecido el Señor, que se complace en la prosperidad de su siervo en el nombre de Jesucrsito. (Salmo 35:27)

Decreto y declaro: El Señor es mi pastor en el nombre de Jesucristo. (Salmo 23: 1)

Decreto y declaro: El Señor prepara una mesa delante de mí en presencia de mis enemigos, Él unge mi cabeza con aceite, mi copa se derrama en el nombre de Jesucristo. (Salmo 23: 5)

Decreto y declaro: La bendición del Señor me hace rico y no le agrega ningún problema en el nombre de Jesucristo. (Proverbios 10:22.)

Decreto y declaro, recibo riqueza del Señor y la buena salud para disfrutarla en el nombre de Jesucristo. (Ecclesiastés 5:19)

Decreto y declaro, soy bendecido porque confío en el Señor. Yo reverencio al Señor, por lo tanto, lo quiero en mi vida. Los leones jóvenes carecen y sufren hambre: pero los que buscan a Jehova no tendran falta de ningun bien en el nombre de Jesucristo. (Salmos 34: 8-10)

Yo decreto y declaro, lo he dado y me será dado, en buena medida, apretada, remecida y rebosando, los hombres darán en mi seno. Porque con la misma medida que administro, se me medirá de nuevo en el nombre de Jesucristo. (Lucas 6:38)

Decreto y declaro que Dios puede hacer que toda la gracia abunde en mi, que yo, teniendo siempre toda la suficiencia en todas las cosas, tenga abundancia para cada buena obraen el nombre de Jesucristo. (2 Corintios 9: 8)

Decreto y declaro, estoy prosperando en todos los sentidos. Mi cuerpo se mantiene bien, incluso mi alma se mantiene bien y prospera en el nombre de Jesucristo. (3 Juan 2.)

Decreto y declaro: Todo lo que le pido al Padre en el nombre de Su Hijo Jesús, Él me lo dará en el nombre de Jesucristo. (Juan 16:23)

Decreto y declaro que las bendiciones de Abraham son mías en el nombre de Jesucristo. (Gálatas 3:14)

Decreto y declaro: Lo que siempre deseo, cuando oro, creo que lo he recibido y los tendré. En el nombre de Jesucristo. (Marcos 11:24)

Decreto y declaro: me deleito en el Señor y Él me da los deseos de mi corazón en el nombre de Jesucristo. (Salmo 37: 4)

Decreto y declaro, busco primero el reino de Dios, por lo tanto, todo lo que necesito se me agregará en el nombre de Jesucristo. (Lucas 12:31)

Decreto y declaro: La riqueza del pecador está guardada para mí en el nombre de Jesucristo. (Proverbios 13:22)

Yo decreto y declaro: Mi herencia será para siempre. No me avergonzaré en el mal momento; y en los días de hambre estaré satisfecho en el nombre de Jesucristo. (Salmo 37: 18-19)

Yo decreto y declaro: Toda carga será quitada de mi hombro, y todo yugo de mi cuello, y el yugo será destruido a causa de la unción en el nombre de Jesucristo. (Isaías 10:27)

Decreto y declaro: soy como un árbol plantado junto a los ríos de agua. Todo lo que haga prosperará. En el nombre de Jesucristo. (Salmo 1: 3)

Decreto y declaro: No desmayaré, porque a su debido tiempo y en la temporada señalada cosecharé, si no desmayo en el nombre de Jesucristo. (Gálatas 6: 9)

Decreto y declaro: Mi Dios suple toda mi necesidad según sus riquezas en gloria por Jesucristo. (Filipenses 4:19)

Decreto y declaro, Cielo sobre mi vida, abierto por fuego en el nombre de Jesucristo.

Decreto y declaro: el cielo sobre mi vida derrama lluvias de bendiciones en el nombre de Jesucristo.

Yo decreto y declaro, recibo la unción por riqueza infrecuente, favor divino y velocidad ilimitada por fuego en el nombre de Jesucristo.

Decreto y declaro: Todo rey satánico y autoridad que compite por mi gloria mueren por fuego en el nombre de Jesucristo.

Decreto y declaro: Cualquier maldición pronunciada contra mi progreso fracasa en el nombre de Jesucristo.

Decreto y declaro, Mi Padre Dios, mantenme alejado de aquellos que me ignorarán, degradarán y desdeñarán en el nombre de Jesucristo.

Decreto y declaro: Mi Padre Dios me conecta con mis ayudantes divinos en el nombre de Jesucristo.

Decreto y declaro, Mi Padre Dios, llévame a los que me bendecirán en el nombre de Jesucristo.

Decreto y declaro, divino favor sobre mi vida en el nombre de Jesucristo.

Decreto y declaro, el imán de la prosperidad, el progreso y la promoción vienen sobre mi vida ahora en el nombre de Jesucristo.

Decreto y declaro: Por el fuego por la fuerza, seré testigo de la caída de mis enemigos en el nombre de Jesucristo.

Yo decreto y declaro: Mi labor no será tragada por el faraón en el nombre de Jesucristo.

Decreto y declaro: cada espíritu generacional que perturba mi destino se dispersa en el nombre de Jesucristo.

Decreto y declaro: el cielo sobre el llamado de mi vida, portador, negocio y matrimonio abierto por fuego en el nombre de Jesucristo.

Decreto y declaro: los principados y los poderes de la iniquidad en mi cielo caen en el nombre de Jesucristo. (Efesios 6:12)

Decreto y declaro, suelo, se abre y traga a cada niño extraño o espíritu que perturba mi vida en el nombre de Jesucristo.

Donde esta el Señor Dios de Elías, levántate, y deja que mi historia cambie de una historia a otra, a la gloria en el nombre de Jesucristo.

Decreto y declaro: Todo poder que diga no a mi avance muere en el nombre de Jesucristo.

Decreto y declaro, estoy cubierto por la sangre de Jesucristo, testificaré por el poder en la sangre de Jesucristo.

Decreto y declaro, Oh Dios de señales y maravillas, responde tu nombre en mi vida en el asombroso nombre de Jesucristo.

Gracias Señor por las respuestas a mis oraciones.

Ora en voz alta fervientemente en las lenguas del Espíritu Santo por al menos una hora sin parar.

CAPÍTULO 4

DECRETO Y DECLARO QUE MI DESTINO SURGE Y BRILLA Y MI ESTRELLA DEBE BRILLAR, MÁS BRILLANTE Y EN EL NOMBRE DE JESUCRISTO

Decreto y declaro que me niego a ser una víctima del fracaso, en el nombre de Jesucristo.

Decreto y declaro que me niego a ser una víctima de la limitación, en el nombre de Jesucristo.

Oh Señor, deja que todas mis bendiciones demoradas se manifiesten por fuego, en el nombre de Jesucristo.

Decreto y declaro Después de la orden del Rey David, persigo a todos mis enemigos, en el nombre de Jesucristo.

Decreto y declaro Después de la orden del Rey David, ataco a todos mis enemigos, en el nombre de Jesucristo.

Después de la orden del Rey David, recupero todas mis bendiciones, en el nombre de Jesucristo.

Oh Señor, deja que la sangre de Jesús y el muro de fuego rodeen mis bendiciones recuperadas, en el nombre de Jesucristo.

Padre Mío, permita que cada área por la cual el enemigo me está robando sea bloqueada por la sangre de Jesucristo.

Decreto y declaro, ustedes, ángeles de Dios, detengan a todo ladrón de bendiciones asignadas contra mi vida, en el nombre de Jesucristo.

Decreto y declaro que no malgastare mis bendiciones recuperadas, en el nombre de Jesucristo.

Padre mío, lleva a cabo una cirugía divina que moverá mi vida hacia adelante, en el nombre de Jesucristo.

Cualquier poder que cocine a mi hombre espiritual en un caldero, caiga y muera, en el nombre de Jesucristo.

Cada yugo interno, asignado contra mí, se rompe, en el nombre de Jesucristo.

La invocación satánica de mi hombre espiritual, en una bola de cristal o en un espejo oscuro, es contraproducente, en el nombre de Jesucristo.

Cada mano maligna, creada para manipular mi vida, se prende fuego, en el nombre de Jesucristo.

Decreto y declaro: Toda carga perversa en cualquier parte de mi cuerpo, regrese a sus remitentes, en el nombre de Jesucristo.

¿Dónde está el Señor Dios de Elías? levántate y mata cada veneno en mi cuerpo, en el nombre de Jesucristo.

Decreto y declaro: Toda enfermedad oculta y enfermedad silenciosa, mueren, en el nombre de Jesucristo.

Decreto y declaro: Toda ira del enemigo asignado para enviarme hacia atrás, se rompe, en el nombre de Jesucristo.

Decreto y declaro: Por el poder del Dios viviente, mi porción no será transferida a otro, en el nombre de Jesucristo.

Decreto y declaro: Todo hombre fuerte de la oscuridad en mi vida, muere, en el nombre de Jesucristo.

Cada escritura de las ordenanzas de mala suerte asignadas en contra de mi vida, se borran por la sangre de Jesucristo.

Todo árbol de la mala suerte plantado contra mi vida, es desarraigado por el fuego, en el nombre de Jesucristo.

Cada raíz ancestral de fracaso en mi línea familiar, será desarraigada por el fuego, en el nombre de Jesucristo.

Todo hombre fuerte de mala suerte y fracaso asignado en contra de mi vida, cae y muere, en el nombre de Jesucristo.

Cada raíz de la mala suerte y el fracaso en mi vida, se secan, en el nombre de Jesucristo.

Decreto y declaro, rechazo cada mala suerte heredada y fracaso, en el nombre de Jesucristo.

Todo poder que me mantiene alejado de mis ayudantes divinos, mueren, en el nombre de Jesucristo.

Cada poder que bloquea mis oportunidades, se dispersa, en el nombre de Jesucristo.

Yo decreto y declaro, Tu temporada de fracaso, frustración y hambre, que está en mi vida hoy, tu tiempo muere, en el nombre de Jesucristo.

Decreto y declaro, Mi vida, escucha la palabra del Señor, me niego a seguir la agenda del enemigo, en el nombre de Jesucristo.

Decreto y declaro: Cada cadena y grillete que me ata con el pecado, se rompe con el poder de la sangre de Jesucristo.

Decreto y declaro, recibo la unción para bendecir y ser bendecido, en el nombre de Jesucristo.

Decreto y declaro: los yugos rebeldes asignados a mi vida, se apartan, en el nombre de Jesucristo.

Oh Dios, levántate y deja que las cosas buenas persigan y alcancen mi vida, en el nombre de Jesucristo.

Decreto y declaro: Por la misericordia del Dios viviente, no viviré mi vida en tristeza y dificultad, en el nombre de Jesucristo.

Decreto y declaro: Toda cadena del mal, llevándome lejos, en el punto de mi avance, se rompe para siempre, en el nombre de Jesucristo.

Oh Dios, levántate y humilla a mis enemigos con la vara de hierro, en el nombre de Jesucristo.

Invoco el arma del arco y el acero para dispersar el campamento del enemigo, en el nombre de Jesucristo.

Invoco el arma de arco y acero para devolver cada flecha del enemigo al remitente, en el nombre de Jesucristo.

Deje que la vara de hierro se levante y se rompa en cada caldero de oscuridad asignado contra mi vida, en el nombre de Jesucristo.

¡Oh Dios, levántate con tu vara de hierro y persigue a mis perseguidores hasta el mar Rojo, en el nombre de Jesucristo.

¡Oh vara de hierro del cielo, levántate, pasa por el campamento de mis enemigos, en el nombre de Jesucristo.

¡Oh vara de hierro, sello, desgracia y derrota a cada poder que impugna mi elevación y celebración, en el nombre de Jesucristo.

Cualquier poder que restrinja mi vida al valle, que caiga y muera, en el nombre de Jesucristo.

Nunca me detendré hasta que haya alcanzado mi meta, en el nombre de Jesucristo.

¡Oh vara de hierro, destruye toda compañía de malvados jactanciosos contra mi Dios, en el nombre de Jesucristo!

¡Oh vara de hierro, levántate y rompe en pedazos todo poder burlándose de mis oraciones, en el nombre de Jesucristo.

Padre, suelta tu arco y acero para golpear en cada campo del enemigo, en el nombre de Jesucristo.

Padre, suelta tu arco y acero para avergonzar a toda presencia demoníaca, en el nombre de Jesucristo.

El favor divino y la misericordia no se apartarán de mi vida, en el nombre de Jesucristo.

Cada juicio de brujería contra mi prosperidad, sea anulado, en el nombre de Jesucristo.

Invoco el arma de arco y acero para ganar todas las batallas de mi vida, en el nombre de Jesucristo.

Invoco el arma de arco y acero para romper las puertas ancestrales de bronce y barras de hierro, en el nombre de Jesucristo.

Cada poder que desperdicia mis oportunidades divinas, se caen y mueren, en el nombre de Jesucristo.

Oh Dios, que tus cielos permanezcan abiertos a mi vida todos los días de mi vida, en el nombre de Jesucristo.

Que el arco y el acero del cielo se levanten en su ira y enojo, y esparzan todos los campos del opresor, en el nombre de Jesucristo.

Padre mío, alimenta a mis enemigos obstinados con el pan de la adversidad, en el nombre de Jesucristo.

Padre mío, que mis enemigos consuman el pan de la adversidad, en el nombre de Jesucristo.

Cada furia de adversidad contra mí, te alimento con el pan de la adversidad, en el nombre de Jesucristo.

Cada oportunidad derrochadora, te alimento con el pan de la adversidad, en el nombre de Jesucristo.

Cada poder sentado sobre mi riqueza, hacen un salto mortal, caen y mueren, en el nombre de Jesucristo.

Cada paraguas espiritual que proteja mi divina prosperidad, arda en cenizas, en el nombre de Jesucristo.

Deje que el poder de Dios alimente a la fuerza a mis enemigos con el pan de la adversidad, en el nombre de Jesucristo.

Que cada terrible pandilla y rebelión contra mi estrella reciba el pan de la adversidad, en el nombre de Jesucristo.

Cada confrontación contra mi bastón de pan, recibe el pan de la adversidad, en el nombre de Jesucristo.

Todo obstinado perseguidor, persiguiendo mi estrella, deja que la luz de Dios lo ciegue, en el nombre de Jesucristo.

Oh Dios, planta tu imán de la prosperidad en mi vida, en el nombre de Jesucristo.

Oh Dios, levántate y derriba a mis enemigos obstinados en pedazos con la vara de hierro, en el nombre de Jesucristo.

Oh cielo, libera tu luz para dispersar cada oscuridad que me rodea, en el nombre de Jesucristo.

Oh luz de Dios levántate e ilumina mi entorno y dispersa la oscuridad, en el nombre de Jesucristo.

Oh cielos, levántate con la luz de Dios y avergüénza a todos los poderes asignados para avergonzarme, en el nombre de Jesucristo.

Decreto y declaro que uso el arma del fuego de Dios para despejar cada obstáculo en mi camino, en el nombre de Jesucristo.

Permite que el poder en la sangre de Jesucristo ilumine mi vida y me proteja de todos los daños, en el nombre de Jesucristo.

Oh, aligera el trueno de Dios, levántate, lanza terror y miedo al campamento de mis enemigos, en el nombre de Jesucristo.

Oh Dios, levanta el arma de Tus relámpagos y truenos y dispersa toda conspiración contra mi vida, en el nombre de Jesucristo.

Deje que el agua del lago de Cristo elimine todos los venenos en mi vida, en el nombre de Jesucristo.

!Oh aligeramiento y trueno de Dios, aléjate, ve a las aguas, ve al bosque y ve a las montañas y destruye cada fortaleza montada contra mí, en el nombre de Jesucristo.

Tomo autoridad sobre todos los encantamientos, la adivinación y los malos deseos que se han enviado contra mí, en el nombre de Jesucristo.

!Oh aligeramiento y trueno de Dios, muévete en tu fuego y en tu ira y persigue a mis perseguidores, en el nombre de Jesucristo.

Fuego del Espíritu Santo, desterrar todas las maldiciones de la oscuridad y destruyelas, en el nombre de Jesucristo.

Fuego del Espíritu Santo, desterrar todas las tareas de brujería y demoníacas de mi vida, en el nombre de Jesucristo.

Decreto y declaro que tomo autoridad sobre todos los encantamientos y la adivinación y los malos deseos que han pasado por mi línea de sangre generacional, en el nombre de Jesucristo.

Decreto y declaro que las piedras del granizo que se forman en el cielo, se levantan y deshonran cada actividad de serpiente y escorpión formada contra mí, en el nombre de Jesucristo.

!Oh espada de Dios, avanza en mi nombre y corta la ciudad de los malvados asignados en contra de mi vida, en el nombre de Jesucristo.

Rompo la influencia de las maldiciones sobre mi vida por el poder del Señor Jesús resucitado en el nombre de Jesucristo.

Por la espada de Dios, me levanto y declaro la guerra contra mis opresores, en el nombre de Jesucristo.

Por la espada de Dios, me levanto y destruyo cada manipulador satánico que trabaja en contra de mi destino, en el nombre de Jesucristo.

Todas las maldiciones que acosan mi vida, vuelven al lugar de donde vienen y te reemplacen con bendiciones, en el nombre de Jesucristo.

!Oh espada del Señor, pasa por el campamento de mis opresores para la destrucción, en el nombre de Jesucristo.

Cancelo todos los votos y acuerdos internos negativos que hice con los enemigos, en el nombre de Jesucristo.

Padre mío, envía los caballos y sus jinetes asignados para que me entre en un sueño profundo, en el nombre de Jesucristo.

Me libero del espíritu de la muerte y la oscuridad, en el nombre de Jesucristo.

Oh sueño profundo del Señor, cae en cada guerra violenta contra mí, en el nombre de Jesucristo.

Me libero de cualquier esclavitud de encantamiento y adivinación, en el nombre de Jesucristo.

Padre mío, que mis enemigos obstinados duerman el sueño de la muerte, en el nombre de Jesucristo.

Oh sueño profundo del Señor, levántate, perturba los problemas de mi Israel, en el nombre de Jesucristo.

Oh Dios, levántate y envía Tus derrochadores para malgastar a todos los enemigos de mi destino, en el nombre de Jesucristo.

Reclamo la sangre derramada de Jesús sobre todos los aspectos de mi vida, en el nombre de Jesucristo.

Derrochadores del cielo, desperdicia cada fuerza de Goliat asignada contra mí, en el nombre de Jesucristo.

Yo reclamo protección angelical sobre todos los aspectos de mi vida, en el nombre de Jesucristo.

Que los derrochadores de Dios derrochen a todos los malvados que se me asignaron, en el nombre de Jesucristo.

Fuego del Espíritu Santo, purifícame, moldéadme y usame en el nombre de Jesucristo.

Todos los poderes asignados para molestarme, te ordeno que me dejes para siempre y seas enviado al eterno lago de fuego para que no me toquen otra vez, en el nombre de Jesucristo.

Renuncio a todas las obras hereditarias de la oscuridad en mi árbol genealógico, en el nombre de Jesucristo.

Señor Jesús, entra en mi corazón y crea en mí, el tipo de persona que querías que fuera, en el nombre de Jesucristo.

Decreto y declaro que reprendo a cada Mar Rojo que está acosando mi progreso; Divídelo en el nombre de Jesucristo.

Decreto y declaro: Todo poder cazando por mi vida, muere, en el nombre de Jesucristo.

Por la sangre de Jesús, que mi puerta de gracia se abra, en el nombre de Jesucristo.

Cada estancamiento satánico que confronta mi destino este año, se rompe, en el nombre de Jesucristo.

Todos los valles de la indecisión que confundan mi destino, se separan, en el nombre de Jesucristo.

Cada olla de caldero asignada contra mí este año, se rompe, en el nombre de Jesucristo.

Oh Señor, pon tus ojos en lugares ocultos para defender mi porción, en el nombre de Jesucristo.

Cualquier ojo malvado que me espíe, te ciegas, en el nombre de Jesucristo.

Cualquier ojo que sea mensajero de la oscuridad, es destruido, en el nombre de Jesucristo.

Enfermedad, te marchitas de mi cuerpo, en el nombre de Jesucristo.

Oh fuego de Dios, oh cuchillo de Dios, corta cualquier poder que entre a mi vida para atraparme, en el nombre de Jesucristo.

Cada estrella extraña que acusa mi vida, cae, en el nombre de Jesucristo.

Cada pájaro del aire que viene a robar mi sacrificio, sea asado, en el nombre de Jesucristo.

Todo estrangulamiento de la casa de mi padre, se rompe, en el nombre de Jesucristo.

Dibujo el linaje de Jesucristo en mi sueño, en el nombre de Jesucristo.

Deje que el fuego de Dios ubique todas las plantaciones de oscuridad en mi vida, y extirpelas, en el nombre de Jesucristo.

Fuego de Dios, come cada árbol satánico plantado en el jardín de mi vida, en el nombre de Jesucristo.

Deja que el mandamiento del Señor salga y me libre de todas las plantaciones del enemigo, en el nombre de Jesucristo.

Ustedes disparan al Dios Altísimo, invaden cada casa del hombre fuerte y los persiguen fuera de sus lugares ocultos, en el nombre de Jesucristo.

Fuego del cielo, come cada semilla satánica plantada en el jardín de mi vida, en el nombre de Jesucristo.

Deja que el fuego de Dios del cielo salga en el trueno de su poder para enviar confusión al campamento de mis enemigos, en el nombre de Jesucristo.

Padre, dale a mis enemigos piedras de granizo que harán que se arrepientan de haber venido a luchar contra mí, en el nombre de Jesucristo.

Señor, deja llover piedras del cielo sobre cada reunión de brujería asignada contra mi vida, en el nombre de Jesucristo.

Oh Dios, levántate con el poder de tus piedras de granizo y hazme poseer mis posesiones, en el nombre de Jesucristo.

Padre, que las piedras del cielo se muevan a mi lugar de nacimiento y recuperen todo lo bueno que me han robado de mi vida, en el nombre de Jesucristo.

Por el poder que desestabilizó a Nabucodonosor, levántate y lucha por mí, oh Señor, en el nombre de Jesucristo.

Oh Dios, levántate y confunde mi confusión, en el nombre de Jesucristo.

Padre mío, que tu dedo de fuego señale y sea contra toda oposición a mi avance, en el nombre de Jesucristo.

!Oh dedo fuego de Dios, resucita mis virtudes robadas, en el nombre de Jesucristo.

!Oh dedo fuego de Dios, levántate, escribe el juicio contra mis opresores, en el nombre de Jesucristo.

Padre, que el dedo fuego de Dios venza toda oposición a mi promoción, en el nombre de Jesucristo.

Tú, dedo de fuego de Dios, desilusiona a todos los artífices de los astutos que trabajan contra mi vida, en el nombre de Jesucristo.

!Oh dedo fuego de Dios, levántate, destruye el campamento de mis enemigos, en el nombre de Jesucristo.

Permite que todos mis enemigos obstinados reciban la flecha de fuego, en el nombre de Jesucristo.

Decreto y declaro la batalla contra mi destino desde mi fundación, mueran, en el nombre de Jesucristo

Todo árbol mal plantado contra mis avances, muere, en el nombre de Jesucristo.

Cada visita satánica en la noche para atacar a mi estrella, ser arrestado, en el nombre de Jesucristo.

Cada esclavitud doméstica programada contra mi estrella, se dispersa, en el nombre de Jesucristo.

Que la agenda de los malvados hombres sabios para mi destino sea anulada, en el nombre de Jesucristo.

Cada antagonismo doméstico preguntando por mi brillo, sé dispersa, en el nombre de Jesucristo.

Padre mío, elígeme para ascenso y elevación poco común, en el nombre de Jesucristo.

Reclamo el favor divino donde sea que vaya, en el nombre de Jesucristo.

Cada letra de la oscuridad programada para afectar mi favor, ser borrado por la sangre de Jesus en el nombre de Jesucristo.

Donde sea que vaya, permita que la sangre de Jesús hable por mí, en el nombre de Jesucristo.

Cada agenda del aquelarre para mi elevación, será esparcida en pedazos, en el nombre de Jesucristo.

Padre mío, levántate en tu fuego y furia, muévete hacia adelante, en el nombre de Jesucristo.

Padre mío, déjame estar en el lugar correcto en el momento correcto, en el nombre de Jesucristo.

Padre mío, que mi cabeza reciba aceite nuevo este año, en el nombre de Jesucristo.

Cada poder asignado contra el aceite divino en mi cabeza, muere, en el nombre de Jesucristo.

Yugos, dirigidos a degradarme, se secan, en el nombre de Jesucristo.

Que todas las futuras comunicaciones satánicas y las redes creadas contra mí fracasen, en el nombre de Jesucristo.

Que cada agenda de la oscuridad para frustrar mi estrella, se prenda por el fuego, en el nombre de Jessucristo.

Cualquier cosa programada en los cielos contra mi estrella, será desmantelada, en el nombre de Jesucristo.

Desconecto mi destino de cualquier asociación malvada, en el nombre de Jesucristo.

Libero la confusión y el atraso en la operación de todos los programadores satánicos que trabajan en contra de mi vida, en el nombre de Jesucristo.

Recupero cualquier información sobre mi pasado y futuro en manos de programadores malvados, en el nombre de Jesucristo.

Decreto que las obras del pasado de mis enemigos obstinados no podrán funcionar en contra de mi vida, en el nombre de Jesucristo.

Maldigo las obras de las manos de mis enemigos para que no puedan realizar su empresa, en el nombre de Jesucristo.

Cada jaula formada para encerrar a mi estrella, te destrozo en el nombre de Jesucristo.

Oh Dios de Abraham, Isaac y Jacob, levántate y visita todos los poderes inicuos que acosen mi vida, en el nombre de Jesucristo.

Que los ángeles del Señor se levanten y rompan todo candado con grilletes con cadenas, y rompan todo poder maligno que monitorea mi estrella, en el nombre de Jesucristo.

Cada mano que ha realizado la maldad del mal contra mi vida, se marchita, en el nombre de Jesucristo.

Libero mi estrella de la manipulación de la brujería doméstica, en el nombre de Jesucristo.

Libero mi estrella de cada dispositivo satánico, en el nombre de Jesucristo.

Maldigo el éxito de todos los manipuladores malvados que trabajan en contra de mi vida, en el nombre de Jesucristo.

Cada base de datos satánica compilada en mi contra, será consumida y destruida, en el nombre de Jesucristo.

Padre mío, levántate en tu misericordia y borra todos los registros diabólicos organizados en mi contra, en el nombre de Jesucristo.

Permite que el poder de Dios energice a los ángeles malvados para perseguir a mi Herodes, en el nombre de Jesucristo.

Dejo que el poder de Dios energice a los ángeles malvados para perseguir a mi Faraón, en el nombre de Jesucristo.

Dejo que la venganza del Señor surja y defienda mi interés, en el nombre de Jesucristo.

Decreto y declaro Dejo que mi estrella sea demasiado caliente para que la maneje el enemigo, en el nombre de Jesucristo.

Decreto y declaro que toda imaginación contra mi estrella, sea desmantelada, en el nombre de Jesucristo.

Padre, que todas las estrellas cazadoras de la casa de mi padre sean avergonzadas, en el nombre de Jesucristo.

Padre, que todas las estrellas cazadoras de la casa de mi madre sean avergonzadas, en el nombre de Jesucristo.

El Espíritu Santo se levanta y rescata mi estrella de las manos de encantadores y adivinos satánicos, en el nombre de Jesucristo.

Donde quiera que vaya, que la estrella de mi destino surja y brille, en el nombre de Jesucristo.

Recibo la unción del líder, en el nombre de Jesucristo.

Debo levantarme y manifestar la gloria de Dios, en el nombre de Jesucristo.

Padre mío, reorganiza mi vida y colócame para avances poco comunes, en el nombre de Jesucristo.

Cualquier área de debilidad en mi vida que da acceso al enemigo para atacar a mi estrella, Padre, enderezala, en el nombre de Jesucristo.

Cada montaña de dificultad que enfrenta mi estrella, sea nivelada, en el nombre de Jesucristo.

Padre, que la unción se convierta en una maravilla divina que cae sobre mí, en el nombre de Jesucristo.

Padre, hazme una maravilla misteriosa, en el nombre de Jesucristo.

Padre, levanta mi vida más allá de la explicación humana, en el nombre de Jesucristo.

Padre, convierte mi vida en un fenómeno divino, en el nombre de Jesucristo.

Cada poder esperando para presenciar mi caída, agito sus serpientes en el fuego, en el nombre de Jesucristo.

Cada área de mi vida dando la bienvenida a las serpientes de las tinieblas, que la sangre de Jesús, cierre esa puerta, en el nombre de Jesucristo.

Cualquier malvado observador del tiempo asignado para monitorear mi estrella, recibe ceguera, en el nombre de Jesucristo.

Oh Dios, levántate y deja que mi estrella rechace la voz de las tinieblas, en el nombre de Jesucristo.

Cada propiedad de la oscuridad en mi posesión dirigida a atacar mi futuro, será removida, en el nombre de Jesucristo.

Padre, deja que tus ángeles de guerra defiendan mi estrella donde sea que vaya, en el nombre de Jesucristo.

Espíritu del Señor Dios, me eclipsa, Espíritu de Jehová, incubame, en el nombre de Jesucristo.

Cada enfermedad asignada para enterrar a mi estrella, salga ahora, en el nombre de Jesucristo.

Me levantaré y avergonzaré cualquier poder que quiera avergonzarme, en el nombre de Jesucristo.

Fuego del Espíritu Santo, purga mi vida por avances completos, en el nombre de Jesucristo.

Cada poder de "vamos a matarlo y veamos qué ha sido de sus sueños", muere, en el nombre de Jesucristo.

Toda conspiración contra mi levantamiento, será esparcida a la desolación, en el nombre de Jesucristo.

El poder que odia ver mi levantamiento, ser deshonrado, en el nombre de Jesucristo.

Padre, pon tus manos sobre mi cabeza y levántame, en el nombre de Jesucristo.

Padre, deja que tu favor me envuelva y catapulte al siguiente nivel, en el nombre de Jesucristo.

Cada poder de la oscuridad que rodea mi estrella, se dispersa, en el nombre de Jesucristo.

Cada poder asignado a tirar mi estrella, pierde tu poder, en el nombre de Jesucristo.

Debo levantarme y brillar por el poder en la sangre de Jesús, en el nombre de Jesucristo.

La unción de un éxito poco común me sobrevino poderosamente, en el nombre de Jesucristo.

Poder para levantarse y brillar en cualquier ambiente, ven sobre mí ahora, en el nombre de Jesucristo.

Decreto y declaro que elimino toda vestimenta de vergüenza de mi cuerpo, en el nombre de Jesucristo.

Decreto y declaro que el gozo de los opresores sobre mi vida se convertirá en tristeza hoy, en el nombre de Jesucristo.

Decreto y declaro: Todos los hombres fuertes múltiples, operando contra mi destino, estarán paralizados hoy, en el nombre de Jesucristo.

Decreto y declaro: Por el poder en la sangre de Jesús, cada poder, bloqueando la manifestación de mis sueños y visiones positivas, morirá hoy, en el nombre de Jesucristo.

Decreto y declaro: Todo poder, ralentizando mi progreso, escucha la palabra del Señor, morirás, y no te veré más, en el nombre de Jesucristo.

Decreto y declaro que toda cita negativa con mi destino terminará por fuego, en el nombre de Jesucristo.

Yo decreto y declaro: Todo poder, ordenado por satanás, para hacerme levantar y caer, hoy es tu fin, muere, en el nombre de Jesucristo.

Decreto y declaro: Todo el poder oscuro de la casa de mi padre, retrasando mis avances, muere hoy, en el nombre de Jesucristo.

Decreto y declaro, abrigo mi prosperidad y mi vida con la sangre de Jesús y el fuego de Dios, en el nombre de Jesucristo.

Decreto y declaro: Todo juicio de brujería, contra mi prosperidad, sea anulado, en el nombre de Jesucristo.

Yo decreto y declaro: Todo drenaje del mal de mi prosperidad, sea sellado por la sangre de Jesús, en el nombre de Jesucristo.

Decreto y declaro: Todo poder, desperdiciando mis oportunidades divinas, caen y mueren, en el nombre de Jesucristo.

Decreto y declaro, oh Dios, que tus cielos permanezcan abiertos a mi vida, todos los días de mi vida, en el nombre de Jesucristo.

Espíritu Santo, por favor úneme con la sabiduría que no se puede criticar, en el nombre de Jesucristo.

Decreto y declaro, me rehúso a cometer un error que trague mi éxito, en el nombre de Jesucristo.

Decreto y declaro: entro en el pacto de prosperidad, bendiciones y salud con Dios Todopoderoso, en el nombre de Jesucristo.

Debido a que Jesucristo se hizo pobre para que yo pueda ser rico, por lo tanto decreto y declaro que la pobreza no es mi suerte, en el poderoso nombre de Jesucristo.

Decreto y declaro: Toda carga de pobreza presente en mi vida, sea levantada y destruida por el fuego, en el nombre de Jesucristo.

CAPÍTULO 5

O DIOS DE JABEZ ME HACES MÁS HONORABLE EN EL NOMBRE DE JESUCRISTO

Lectura bíblica: 1 Crónicas 4: 9-10, Génesis 32: 24-32.

Decreto y declaro cada poder de aflicción, muere en el nombre de Jesucristo.

Oh Dios de Jabes, levántate y deja que mi historia cambie a la gloria, en el nombre de Jesucristo.

Decreto y declaro, Mi vida, rechaza la invitación a la pobreza, en el nombre de Jesucristo.

Padre mío, hoy destruye toda pena en mi vida, en el nombre de Jesucristo.

Yo decreto y declaro: Todo poder despreciandome tu tiempo ha terminado, desaparece, en el nombre de Jesucristo.

Decreto y declaro, flechas satánicas que mantienen mi destino en estancamiento y aflicción regresan a su remitente en el nombre de Jesucristo.

Decreto y declaro: Mascarada en una misión para matarme, vuelve a tu remitente, en el nombre de Jesucristo.

Decreto y declaro, Valle del dolor, sálvame ahora. Subiré a la montaña de la alegría y la grandeza en el nombre de Jesucristo.

Decreto y declaro: Atrapa el fuego, prende fuego, a cada una de las fortalezas e Ídolos de la casa de mi padre en el nombre de Jesucristo.

Decreto y declaro, Celebración de la pobreza, alrededor de mi destino, es esparcido por el fuego en el nombre de Jesucristo.

El poder de la casa de mi padre, usando un error ancestral para hacerme sufrir, muere, en el nombre de Jesucristo.

Decreto y declaro, Imagen de la vergüenza y la desgracia, que cubre mi destino, despejado por el fuego en el nombre de Jesucristo.

Decreto y declaro: Mi avance salta de la jaula satánica, en el nombre de Jesucristo.

Decreto y declaro, el Ángel de Dios tira las piedras malvadas que bloquean mis avances, en el nombre de Jesucristo.

Decreto y declaro, Padre mío, hoy agranda mi costas en el nombre de Jesucristo.

Decreto y declaro, Poder para buscar y encontrar, caen sobre de mí ahora, en el nombre de Jesucristo.

Decreto y declaro, Poder para entrar en puertas abiertas de oportunidades divinas; descansa sobre mi vida, en el nombre de Jesucristo.

Decreto y declaro, Poder para pedir y recibir, caen sobre de mí ahora, en el nombre de Jesucristo.

Decreto y declaro, mi padre, haz algo nuevo en mi vida que haga que mis enemigos se ahorquen, después de la orden de Amán en el nombre de Jesucristo.

Decreto y declaro: Por la unción del Espíritu Santo, seré grande, en el nombre de Jesucristo.

Decreto y declaro, padre mío, levántate y dame un milagro más allá de la explicación humana en el nombre de Jesucristo.

YO DECRETO Y DECLARO SEGUIR CAMINANDO EN CONQUISTA Y RECUPERAR TODO EN EL NOMBRE DE JESUCRISTO.

Lectura bíblica: 1 Samuel 30. Confesiones: Salmos 18:37.

Gracias a Dios por su amor y misericordia hacia a mi.

El Señor debe ordenar ruidos terroríficos en el campamento de los enemigos del evangelio en mi vida en el nombre de Jesucristo. (2 Reyes 7: 6,7).

Yo mando que todo embargo satánico sobre mi bondad y prosperidad sea esparcido a pedazos irreparables, en el nombre de Jesucristo.

Deje que todas las puertas de ataque a mi progreso espiritual se cierren, en el nombre de Jesucristo.

Espíritu Santo, prepárame fuego para Dios en el nombre de Jesucristo.

Ordeno que todos mis beneficios encarcelados sean liberados, en el nombre de Jesucristo.

El Señor me unge para derribar las fortalezas negativas que se oponen a mí, en el nombre de Jesucristo.

Que el fuego del trueno de Dios derribe todas las fortalezas demoníacas fabricadas contra mí en el nombre de Jesucristo.

El Señor me unge con el poder de perseguir, alcanzar y recuperar mis propiedades robadas por enemigo en el nombre de Jesucristo.

El Señor desbarata a todos los consejeros y consejos malvados contra mí en el nombre de Jesucristo.

El enemigo no tendrá un escondite en mi vida en el nombre de Jesucristo.

Que todos los caminos bloqueados de prosperidad se abran en el nombre de Jesucristo.

Le ordeno al diablo que quite sus piernas de mis finanzas en el nombre de Jesucristo.

Paralizo todo espíritu de Goliat con las piedras de fuego en el nombre de Jesucristo.

Ora en el Espíritu Santo Hablando en Lenguas por al menos UNA Hora.

Le ordeno a cada vehículo de transporte demoníaco que carga mis beneficios que se paralice, en el nombre de Jesucristo.

Recibo el poder de perseguir a cada obstinado perseguirlo en el mar rojo, en el nombre de Jesucristo.

Deje que el mandato otorgado a cada ladrón de mi bendición sea anulado e invalidado, en el nombre de Jesucristo.

Oh Señor, dame el Moisés para enfrentar a mi Faraón y al David para enfrentar a mi Goliat en el nombre de Jesucristo.

Que las ruedas de todos los carros malvados que nos persiguen sean parloteados, en el nombre de Jesucristo.

Persigo y me adelanto a todas las fuerzas de la maldad doméstica y recupero de ellos mis artículos robados, en el nombre de Jesucristo.

Que las bendiciones, la bondad y la prosperidad me persigan y me alcancen, en el poderoso nombre de Jesucristo.

Le ordeno a todas mis propiedades capturadas por ladrones espirituales en el sueño que se vuelvan demasiado calientes para manejarlas y que vuelvan a mí, en el nombre de Jesucristo.

DECRETO Y DECLARO LAS PAREDES DE JERICO, SON DESTRUIDAS POR EL FUEGO EN EL NOMBRE DE JESUCRISTO.

JOSUÉ 6, ZACARÍAS 4: 7.

Canten canciones de alabanzas a Dios por lo lejos que Él las ha ayudado en el camino de su vida.

Comienza a cubrirte a ti mismo, tu hogar y tus propiedades con la sangre de Jesucristo.

Cada espíritu de limitación contra mis avances, muere, en el nombre de Jesucristo.

Cada poder de degradación dirigido contra mi destino, muere, en el nombre de Jesucristo.

Todo espíritu, poder y personalidad trabajando en contra de mi elevación, mueren, en el nombre de Jesucristo.

Quita el mal que lleva sobre mi familia, en el nombre de Jesucristo.

Cada mal ordenado permanente contra mi destino, muere, en el nombre de Jesucristo.

Cada maldición ancestral trabajando en contra de mi destino, muere, en el nombre de Jesucristo.

Oh Dios, levántate y comienza a deshonrar a todos mis Goliats, en el nombre de Jesucristo.

Muera mi Faraón en su propio Mar Rojo, en el nombre de Jesucristo.

Disparo todas las flechas de la degradación espiritual, en el nombre de Jesucristo.

Disparo todas las flechas de la degradación física, en el nombre de Jesucristo.

Disparo todas las flechas de la degradación financiera, en el nombre de Jesucristo.

Disparo todas las flechas de la degradación conyugal, en el nombre de Jesucristo.

Oh Señor, comienza a reírte de mis enemigos en el nombre de Jesucristo.

Cada poder que me impide disfrutar de la bondad del Señor en la tierra de los vivos, muere, en el nombre de Jesucristo.

Dejo que Dios sea Dios en mi vida, en el nombre de Jesucristo.

Dejo que Dios termine mis batallas, en el nombre de Jesucristo.

Oh Dios, levántate y lucha por mí en mis sueños, en el nombre de Jesucristo.

En presencia de aquellos que piensan que no soy nadie, oh Dios, levántate y hazme alguien, en el nombre de Jesucristo.

En presencia de los que piden mi vida Dios, oh Dios, levántate y manifiéstate, en el nombre de Jesucristo.

Oh Señor, haz de mi vida un bethel, en el nombre de Jesucristo.

Cada patrón de pobreza, no prosperará en mi vida, en el nombre de Jesucristo.

Dejo que los ríos de los avances fluyan en mi vida, en el nombre de Jesucristo.

Pobreza, no encontrarás mi vida, en el nombre de Jesucristo.

Ángeles de bendición, ¿qué estás esperando? Ubícame ahora, en el nombre de Jesucristo.

Tiro cada altar de serpiente en mi vida, en el nombre de Jesucristo.

Oh Señor, levántate y destruye todo matrimonio espiritual preparado para mi vida, en el nombre de Jesucristo.

No seré una víctima del matrimonio espiritual, en el poderoso nombre de Jesucristo.

Oh Señor, destruye los planes del matrimonio espiritual en contra de mi vida, en el nombre de Jesucristo.

Tú espíritu de muerte e infierno, no soy tu candidato, en el nombre de Jesucristo.

Tragedia, no me encontrarás, en el nombre de Jesucristo.

Rechazo la muerte, reclamo vida abundante, en el nombre de Jesucristo.

Todo poder, planeando hacer la guerra contra mi visión divina, qué estás esperando, muere en el nombre de Jesucristo.

Todo poder, que se niega a dejarme ir, ¿qué estás esperando para morir? mueres en el nombre de Jesucristo.

Mi vida, pasa del mínimo al máximo, en el nombre de Jesucristo.

Le guste o no al enemigo, no serviré a mis enemigos, en el nombre de Jesucristo.

Mi sol brillará, en el nombre de Jesucristo.

Cada nube de confusión, que cubre mi objetivo divino, claro se disipa en el nombre de Jesucristo.

Mi objetivo divino, localízame por fuego, en el nombre de Jesucristo.

Toda maldición generacional que afecte mi divina meta, se rompe con la sangre de Jesucristo.

Cada reunión maligna convocada contra mi objetivo, te disperso por fuego, en el nombre de Jesucristo.

Cada poder que enjaula mi meta divina, cae y muere, en el nombre de Jesucristo.

Úngeme para sobresalir, que caiga sobre de mí ahora, en el nombre de Jesucristo.

A partir de ahora, prevaleceré contra los enemigos de mis avances, en el nombre de Jesucristo.

Dedo de Dios, escribe mi nombre en el libro del éxito, en el nombre de Jesucristo.

Cada enemigo de mi destino, muere, en el nombre de Jesucristo.

Todos los enemigos de mi matrimonio, mueren, en el nombre de Jesucristo.

Cada enemigo de Dios por mis avances, muere, en el nombre de Jesucristo.

Comienza a agradecer a Dios

DECRETO Y DECLARO ORACIONES DE RESTAURACIÓN DIVINA

Zacarías 10: 6 - Cuando sus deudores se niegan o no pueden pagar. - Cuando pierdes tu trabajo injustamente - Cuando tus cosas han sido robadas y deseas recuperación y arresto de los ladrones - Cuando deseas una recuperación de pérdidas financieras pasadas - Cuando quieras 'poseer tu posesión' No importa la altura espiritual desde la cual has caído, Dios está muy interesado en restaurarte, si solo puedes clamar a Él por misericordia.

Job 42: 10: "Y el Señor volvió el cautiverio de Job, cuando oró por sus amigos, también el Señor le dio a Job el doble de lo que tenía antes". Es el trabajo del diablo robar, matar y destruir. (Juan 10:10). Su mayor diseño es destruir la imagen de Dios en el hombre. Él usará cualquier método. La Biblia dice: "Cuando el seto se rompe, las serpientes morderán" (Eclesiastés 10: 8).

Muchos, por descuido, rompen la cobertura protectora que Dios ha colocado alrededor de sus vidas y propiedades. Por lo tanto, permiten que el enemigo lo destruya. La buena noticia es que lo que es asesinado, robado o destruido por el enemigo puede ser restaurado por Dios. Jesús dijo: "Yo he venido para que tengas vida y vida en abundancia" (Juan 10:10). Dios ha prometido en Joel 2:25 restaurarnos nuestros años perdidos. Todo lo perdido por el diablo será restaurado por Dios. Job perdió todo, pero al final todo se le restauró incluso en múltiples ocasiones. Mientras oras estos puntos de oración, el poder para la restauración se liberará en tu vida.

Confesiones: Jeremías 1:12: Entonces Jehová me dijo: Bien has visto, porque apresuraré mi palabra para cumplirla.

Joel 2: 25-26: Y te devolveré los años que comió la oruga, el salton, el revolton y la langosta, mi gran ejército que envié contra ti. Y comeréis en abundancia, y os habéis saciado, y alabaréis el nombre de Jehová vuestro Dios, que os ha hecho magníficamente; y mi pueblo nunca será avergonzado.

Isaías 41: 18-20: Abriré ríos en lugares altos, y fuentes en medio de los valles; Haré del desierto un estanque de aguas, y la tierra seca, fuentes de aguas. Yo plantaré en el desierto el cedro, el árbol de shittah, el mirto y el árbol de aceite; Pondré en el desierto el abeto, y el pino, y el árbol de la caja juntos: para que vean, y conozcan, y consideren, y entiendan juntos, que la mano del SEÑOR ha hecho esto, y el Santo de Israel lo ha creado.

Gracias a Dios por el nombre de Jesucristo.

Señor, abre puertas de oportunidad a mí a través de esta oración, en el nombre de Jesucristo.

Ordeno que todas las fuerzas malvadas y desconocidas organizadas contra mi vida sean dispersadas, en el nombre de Jesucristo.

Paralizo toda actividad de parásitos físicos y espirituales y devoradores en mi vida, en el nombre de Jesucristo.

Los poderes que me niegan mis debidos milagros, reciben las piedras de fuego, en el nombre de Jesucristo.

Recupero todo el terreno que había perdido por el enemigo, en el nombre de Jesucristo.

Ato el espíritu de la depresión, la frustración y la desilusión en mi vida, en el nombre de Jesucristo.

Los cirujanos celestiales, realizan las operaciones quirúrgicas necesarias en todas las áreas de mi vida, en el nombre de Jesucristo.

Señor Jesús, lleva a cabo todas las reparaciones necesarias en mi vida en el nombre de Jesucristo. Decreto agresivo

Yo ordeno todos los daños hechos a mi vida por… (elija de la lista inferior) para ser reparado, en el nombre de Jesucristo.

Lengua malvada

Pronunciamiento/predicciones demoníacas

Hechizos y maldiciones de brujería

Confesiones personales negativas

Maldad familiar

Deje que todos los parásitos que se alimentan en cualquier área de mi vida sean tostados, en el nombre de Jesucristo.

Fuego de Dios, consume el reloj malvado del enemigo que está trabajando en contra de mi vida, en el nombre de Jesucristo.

Mi vida no es un terreno fértil para que prospere ningún mal, el nombre de Jesucristo.

Yo mando todas las puertas de las cosas buenas, cerradas en mi contra por el enemigo para ser abiertas, en el nombre de Jesucristo.

Rechazo el espíritu de la imposibilidad, y reclamo puertas abiertas, en el nombre de Jesucristo.

Decreto la restauración siete veces... en todas las áreas de mi vida, en el nombre de Jesucristo.

Me niego a hacer la guerra contra mí mismo, en el nombre de Jesucristo.

Señor, haz que mi caso sea un milagro. Sorprende a mis enemigos, amigos e incluso a mí mismo, en el nombre de Jesucristo.

Señor, dame la solución a cualquier problema que me enfrente, en el nombre de Jesucristo.

Árboles de problemas en mi vida, secos hasta las raíces, en el nombre de Jesucristo.

Paredes de oposición física y espiritual, caen según la orden de Jericó, en el nombre de Jesucristo.

Muera mi rey Uzías, para que pueda ver tu rostro, oh Señor, en el nombre de Jesucristo.

Poseo el poder de perseguir, alcanzar y recuperar mis bienes de los egipcios espirituales, en el nombre de Jesucristo.

Deje que cada hechizo, maldiciones y conjuros demoníacos que se rindan contra mí y se cancelen, en el nombre de Jesucristo.

Cancelo cada efecto de cualquier ayuda extraña recibida de Egipto con respecto a este problema, en el nombre de Jesucristo.

Señor, sana todas las heridas y balas espirituales que se produzcan por los ataques del enemigo en el nombre de Jesucristo.

Deje que todos los potenciales y regalos ocultos que me harán grande, que me sean robados, sean restaurados 21 veces, en el nombre de Jesucristo.

Rechazo el espíritu de arrepentimiento, aflicciones y desilusión, en el nombre de Jesucristo.

Señor, dame poder para un nuevo comienzo en el nombre de Jesucristo.

Señor, haz de mi vida un milagro y sea glorificado en cada área, en el nombre de Jesucristo.

Señor Jesús, te agradezco por responder a mi oración.

DECRETO Y DECLARO EL PODER CONTRA EL PATRÓN MALVADO

Gracias a Dios por su provisión hasta ahora.

Tu malvado patrón de fracaso matrimonial en mi vida, te destruyo, en el nombre de Jessucristo.

Oh Dios del éxito, en mi vida marital no debe fallar, en el nombre de Jesucristo.

El fracaso que sucedió en la vida de mis padres, no sucederá en mi vida, en el nombre de Jesucristo.

Cada plantación de brujería en mi familia, ¿qué estás esperando? Muere, en el nombre de Jesucristo.

Cada patrón de brujería doméstica en mi familia, te entierro hoy, en el nombre de Jesucristo.

Oh Dios, levántate y deja que cada poder de brujería libere mi destino, en el nombre de Jesucristo.

Cada fortaleza de muerte y tragedia en mi familia, es esparcida por el fuego, en el nombre de Jesucristo.

Cada mensajero de la muerte operando en mi línea familiar, muere en el nombre de Jesucristo.

Cada prenda de malvado patrón contra mi objetivo divino es asado, en el nombre de Jesucristo.

Todos los patrones malignos de no logro en mi familia desaparecen ahora, en el nombre de Jesucristo.

Todos los gigantes de ya casi-en mi familia, cayeron muertos, en el nombre de Jesucristo.

Tu malvado patrón de pobreza, muere, en el nombre de Jesucristo.

Cada bacteria de la pobreza en mi vida, muere en el nombre de Jesucristo.

Oh Señor, deja que mi vida atraiga la prosperidad, en el nombre de Jesucristo.

Yo ordeno que cese cada patrón de enfermedad crónica en mi vida, en el nombre de Jesucristo.

Cada malvado patrón de enfermedad en mi vida se rompe en el nombre de Jesucristo.

Desconecto mi vida de todos los calendarios malvados en el nombre de Jesucristo.

Cada río de tristeza, se seca por el fuego, en el nombre de Jesucristo.

El llanto, las pérdidas y el dolor no serán mi suerte otra vez, en el nombre de Jesucristo.

Toda maldición de desorden sobre mi familia, será quemada por el fuego, en el nombre de Jesucristo.

Oh Señor, manifiesta tu gloria en mi familia, en el nombre de Jesucristo.

Cada patrón de falla en mi raíz, muere, en el nombre de Jesucristo.

Lavo todos los depósitos de fallas, en el nombre de Jesucristo.

Cada malvado patrón de fracaso marital en mi vida, se rompen en el nombre de Jesucristo.

Cada patrón malvado de esposo / esposa inestable en mi vida, se rompe en el nombre de Jesucristo.

Recibo fuego para destruir toda contaminación sexual en mi vida, en el nombre de Jesucristo. (Repite siete veces)

Tú, fortaleza de la impureza sexual en mi cuerpo, te derribo, en el nombre de Jesucristo.

Sacudo cada serpiente de inmoralidad sexual que se esconde en mi vida, en el nombre de Jesucristo.

Cada pared de Jericó de adulterio en mi vida, te derribo, en el poderoso nombre de Jesucristo.

Cada influencia satánica en mi vida, sea consumida por el fuego, en el nombre de Jesucristo.

Cada unción de ira destructiva en mi sangre, se seca por el fuego, en el nombre de Jesucristo.

Oh Señor, líbrame del espíritu de ira ancestral en el nombre de Jesucristo.

Tú, el hombre fuerte satánico de la ira asignado para empujarme al infierno, mueres en el nombre de Jesucristo.

Cada patrón malvado del Espíritu de Jezabel en mi vida, muere por fuego, en el nombre de Jesucristo.

Cada contrato de maldad del espíritu de Jezabel en mi familia, terminó, en el nombre de Jesucristo.

Cada semilla de depresión en la salvación de mi vida, muere, en el nombre de Jesucristo.

Oh, Dios mi padre, envía tu fuego, hazme fuego, en la montaña de fuego, en el nombre de Jesucristo.

Tú, la raíz de los malos hábitos, junto con tus ramas, mueres, en el nombre de Jesucristo.

Todo espíritu ancestral, responsable de los malos hábitos en mi vida, será completamente destruido, en el nombre de Jesucristo.

Oh Señor, fortaléceme para el patrón de la vida santa en el nombre de Jesucristo.

Oh Dios, perdóname hoy, de cada pecado de falta de perdón en mi familia, en el nombre de Jesucristo.

Dios levante y ayúdame a recuperar todas mis bendiciones que he perdido como resultado del patrón del mal, en el nombre de Jesucristo.

Recibo el poder de vencer, en el nombre de Jesucristo.

Gracias a Dios por las respuestas a tus oraciones.

Oh Señor, repara cada daño hecho a mi vida por un patrón malvado de espíritu argumentativo, en el nombre de Jesucristo.

Cada intento satánico de degradar mis potencialidades con espíritu argumentativo, se frustró ahora, en el nombre de Jesucristo.

Cada raíz de amargura en mi vida, muere, en el nombre de Jesucristo.

Sangre de Jesucristo, purgue cada amargura de mi vida, en el nombre de Jesucristo.

Todo lo que la amargura ha destruido en mi vida, será restaurado por el poder de la resurrección de Dios, en el nombre de Jesucristo.

Cada maldición y patrón de descuidada indiferencia, que afecta mi destino, se rompe por el fuego, en el nombre de Jesucristo.

La sal de mi vida no se convertirá en arena, en el nombre de Jesucristo.

Cada palabra malvada que se habla en mi ciudad natal contra mi familia, fracasa, en el nombre de Jesucristo.

Alcanzaré mi objetivo y no importa todo lo que alguien diga sobre mí, en el nombre de Jesucristo.

Cada poder que me magnetiza al patrón de confusión, te entierro vivo hoy, en el nombre de Jesucristo.

Tu patrón de confusiónque me hace retroceder al borde de los avances, ya es suficiente, mueres, en el nombre de Jesucristo.

Cada ciclo de confusión que opera en mi vida, se rompe, en el nombre de Jesucristo.

Toda lengua mentirosa contra mí, es asada al fuego, en el nombre de Jesucristo.

Cualquier mentira malvada plantada en mi corazón contra mí, es derretida por el fuego, en el nombre de Jesucristo.

Cualquier agente satánico que alguna vez haya mentido en mi contra, reciba una bofetada angelical; recibe el martillo divino y muere, en el nombre de Jesucristo.

Cada fuente de la familia que persigue a mis ayudantes, se secan por fuego, en el nombre de Jesucristo.

Oh Señor, derrama tu unción de favor sobre mi vida, en el nombre de Jesucristo.

Cada poder que ataca mi bendición día y noche, desaparecen, en el nombre de Jesucristo.

Oh Dios, levántate y dame la unción de los ganadores, en el nombre de Jesucristo.

Cada maldición oculta del patrón del mal, cabalgando sobre los caballos de mi destino, te derribo al fuego, en el nombre de Jesucristo.

Cada arreglo de mi destino a través de la maldición del patrón del mal, será revertido por fuego, en el nombre de Jesucristo.

YO..., comienzo a seguir el patrón divino para mi vida a partir de hoy, en el nombre de Jesucristo.

Todos los patrones malvados de la esclavitud en mi familia mueren, por el fuego en el nombre de Jesucristo.

Me niego a trabajar como un elefante y como una hormiga, en el nombre de Jesucristo.

Oh Señor, deja que todos mis problemas se conviertan en mis promociones en el nombre de Jesucristo.

Cada patrón de pereza y esclavitud en mi fundamento, se rompe en el nombre de Jesucristo.

Cualquier malvado patrón de holgazanería que patrocina el miedo y el desperdicio en mi vida, se rompe, en el nombre de Jesucristo.

Mi vida, rehúsa cooperar con el espíritu de la pereza, en el nombre de Jesucristo.

Me libero del control y del control del espíritu de idolatría familiar en el nombre de Jesucristo.

Cada problema en mi vida promovido por la adoración de ídolos, muere en el nombre de Jesucristo.

Oh Señor, líbrame de cada patrón maligno, que emana del malvado ídolo familiar, en el nombre de Jesucristo.

Cada flecha del desorden mental, disparada en mi cerebro, vuelve a su remitente, en el nombre de Jesucristo.

Todos los sistemas informáticos malvados contra mi vida en el mundo demoníaco se rompen en pedazos en el nombre de Jesucristo.

Cualquier bote malvado que cocina mi destino, es quebrado por el fuego, en el nombre de Jesucristo.

Mal patrón de sueños horribles en mi vida, se rompen por fuego, en el nombre de Jesucristo.

Deje que todos los patrones malvados de la disciplina satánica en mi vida se terminen, en el nombre de Jesucristo.

Decreto y declaro Oh Señor, reorganiza mi situación para favorecerme en el nombre de Jesucristo.

Oh Señor, reordena mi situación para glorificar tu nombre en el nombre de Jesucristo

Oh Señor, reorganiza mi situación para derrotar y deshonrar a mis enemigos en el nombre de Jesucristo.

Oh Señor, habla vida a mis huesos secos en el nombre de Jesucristo.

Oh Señor, habla liberación a cualquier situación de esclavitud en mi vida en el nombre de Jesucristo.

Oh Señor, habla con claridad sobre cada situación nublada en mi vida en el nombre de Jesucristo.

Cada flecha de la aflicción, regresa por donde viniste, en el nombre de Jesucristo.

Decreto y declaro que recapturo cada oportunidad perdida por la sangre de Jesucristo.

Oh Señor, desarraiga la causa raíz de cualquier falla crónica en el nombre de Jesucristo.

Que todas las cosas buenas sean enterradas o quemadas vivas ahora, en nombre de Jesucristo.

Decreto y declaro la Unción Divina para Sobresalir.

Decreto y declaro, paralizo toda agresión dirigida a mi estrella en el nombre de Jesucristo.

Decreto y declaro, Señor, que saques miel de la roca para mí esta temporada en el nombre de Jesucristo.

Decreto y declaro, Señor, que abras todas las buenas puertas de mi vida que la maldad familiar ha cerrado en el nombre de Jesucristo.

Deje que todos los diseños anti-progreso, anti-avance en contra de mi vida sean destrozados en pedazos y sean irreparables en el nombre de Jesucristo.

Decreto y declaro que paralizo todo antagonismo satánico contra mi destino desde el útero en el nombre de Jesucristo.

Pisoteo a todos los enemigos de mi avance y desalojo los poderes malvados de mis ascensos en el nombre de Jesucristo.

Oh Señor, ensancha mi costa más allá de mi sueño más salvaje en el nombre de Jesucristo.

Decreto y declaro que reclamo todos mis bienes que actualmente residen en manos equivocadas en el nombre de Jesucristo.

Oh Señor, planta cosas buenas que harán avanzar mi causa en mi vida rápidamente en el nombre de Jesucristo.

Decreto y declaro que, lo que me impide la grandeza, empieza a ceder ahora en el nombre de Jesucristo.

Decreto y declaro cada potencial encarcelado y enterrado, venga ahora en el nombre de Jesucristo.

Decreto y declaro Recibo la unción para prosperar en el nombre de Jesucristo.

Decreto y declaro que rompo la maldición del fracaso automático trabajando en cualquier departamento de mi vida en el nombre de Jesucristo.

Decreto y declaro que la unción para sobresalir y prosperar caiga poderosamente sobre cada departamento de mi vida en el nombre de Jesucristo.

Dejo cada altar anti- progreso modelado contra mí sea destruido con el fuego de Dios en el nombre de Jesucristo.

Decreto y declaro que retiro mis beneficios de las manos de los opresores en el nombre de Jesucristo.

Dejo cada poder que me persigue y me quite las bendiciones se paralice en el nombre de Jesucristo.

Que el enemigo comience a vomitar cada cosa buena que han comido en mi vida en el nombre de Jesucristo.

Oh Señor, dame el poder para vencer todos los obstáculos a mis avances en el nombre de Jesucristo.

Rompo todas las maldiciones de las bendiciones que gotean en el nombre de Jesucristo.

Limpié mis bienes del almacén del hombre fuerte en el nombre de Jesucristo.

Decreto y declaro Señor, Que todos los adversarios de mis avances sean avergonzados, en el nombre de Jesucristo.

Reclamo el poder de superar y sobresalir entre todos los competidores, en el nombre de Jesucristo.

Deje que cualquier decisión de cualquier panel sea favorable para mí, en el nombre de Jesucristo.

Toda palabra negativa y pronunciamientos en contra de mi éxito serán completamente anulados, en el nombre de Jesucristo.

Ato a todo espíritu manipulando a mis beneficiarios en mi contra, en el nombre de Jesucristo.

Elimino mi nombre del libro de videntes de la bondad sin apropiación, en el nombre de Jesucristo.

Deja que la nube que bloquea la luz del sol de mi gloria y avance se disperse, en el nombre de Jesucristo.

Señor, que los cambios maravillosos comiencen a ser mi destino desde este momento en el nombre de Jesucristo.

Rechazo todos los espíritus de cola en todas las áreas de mi vida, en el nombre de Jesucristo.

Oh Señor, concédeme el favor divino con todos aquellos que decidirán mi avance en el nombre de Jesucristo.

Oh Señor, haz que ocurra una sustitución divina si esto es lo que me hará avanzar en el nombre de Jesucristo.

Decreto y declaro que rechazo el espíritu de la cola y reclamo el espíritu de la cabeza, en el nombre de Jesucristo.

Oh Señor, transfiere, elimina o cambia todos los agentes humanos que están empeñados en detener mi avance en el nombre de Jesucristo.

Todas las cadenas demoníacas que impiden mi avance se rompen, en el nombre de Jesucristo.

CAPÍTULO 6

DECRETO Y DECLARO PUNTOS DE ORACIÓN DE ACELERACIÓN DIVINA.

La oración de Elias... 1 Reyes 18:36 En el momento de la ofrenda del sacrificio de la tarde, el profeta Elías se acercó y dijo: "SEÑOR, Dios de Abraham, Isaac e Israel, hoy sepas que Tú eres Dios en Israel y que yo soy tu siervo, y he hecho todas estas cosas en tu palabra. 37 Respondedme, oh SEÑOR, respóndeme, para que conozca este pueblo que tú, oh SEÑOR, eres Dios, y que has vuelto su corazón otra vez. 38 Entonces cayó fuego de Jehová, y consumió el holocausto y la madera y las piedras y el polvo, y lamió el agua que estaba en la zanja. 39Cuando todo el pueblo lo vio, cayeron sobre sus rostros; y dijeron: "Jehová, él es Dios; el SEÑOR, él es Dios. 40 Entonces Elías les dijo: "Agarren a los profetas de Baal; no dejes escapar a ninguno de ellos. "Entonces se apoderaron de ellos; y Elías los trajo al arroyo Kishón, y los mató allí. 41Entonces Elías le dijo a Acab: "Sube, come y bebe; porque se oye el rugir de una gran lluvia". 42Así que Acab fue a comer y beber. Pero Elias subió a la cima del Carmelo; y él se agachó sobre la tierra y puso su cara entre sus rodillas. 43 Dijo a su siervo: "Sube ahora, mira hacia el mar". Entonces él subió y miró, y dijo: "No hay nada". Y él dijo: "Vuelve" siete veces. 44Y aconteció en la séptima vez, que dijo: "He aquí, una nube, como la mano de un hombre, sube del mar". Y él dijo: "Sube, di a Acab, 'Prepara tu carro y baja, para que la fuerte lluvia no te detenga. "45En poco tiempo el cielo se oscureció con nubes y viento, y hubo una fuerte lluvia. Y Acab montó y fue a Jezreel. 46Entonces la mano del SEÑOR estaba sobre Elías, y él ceñía sus lomos y había alcanzado a Acab por sobre Jezreel.

Gloria futura para Sión…

> *Entonces todo tu pueblo será justo, poseerán la tierra para siempre, la rama de mi plantación, la obra de mis manos, para que yo sea glorificado. 22" El más pequeño se volverá un clan, Y el menos uno una nación poderosa. Yo, el SEÑOR, apresurare en su tiempo.* **Isaías 60:21-22**

Sin embargo, Dios ha hecho que todo sea hermoso para su propio tiempo. Él ha plantado la eternidad en el corazón humano, pero aun así, las personas no pueden ver todo el alcance de la obra de Dios de principio a fin. **Eclesiastés 3:11** (Nueva Traducción Viviente)

Isaac le dijo a su hijo: "¿Cómo es que lo tienes tan rápido, hijo mío?" Y él dijo: "Porque Jehová tu Dios hizo que me sucediera a mí". **Génesis 27:20**

Y Jehová les dio reposo en todas partes, conforme a todo lo que había jurado a sus padres, y ninguno de todos sus enemigos estaba delante de ellos; el SEÑOR dio a todos sus enemigos en sus manos. Ni una de las buenas promesas que el SEÑOR había hecho a la casa de Israel falló; todo sucedió. **Josué 21:44-45**

Bendito sea el SEÑOR, que ha dado descanso a su pueblo Israel, de acuerdo con todo lo que prometió, ni una sola palabra ha fallado en toda su buena promesa, que prometió por medio de su siervo Moisés. **1 Reyes 8:56**

Hace mucho declararon las cosas antiguas, y salieron de mi boca, y yo las proclamé. De repente actué, y sucedieron. **Isaías 48: 3**

En la esperanza de la vida eterna, que Dios, que no puede mentir, prometió antes de que el tiempo comenzara. En Su propio tiempo, Él ha revelado Su mensaje en la proclamación que me encomendó el mandato de Dios nuestro Salvador. **Tito 1: 2-3**

"También la Gloria de Israel no mentirá ni cambiará su parecer, porque no es hombre para que cambie de parecer". **1 Samuel 15:29**

Así, por medio de dos cosas inmutables en las cuales es imposible que Dios mienta, nosotros, los que hemos huido para tomar posesión de la esperanza que tenemos ante nosotros, podemos ser fuertemente alentados. **Hebreos 6:18**

"Dios no es hombre, para que mienta, ni hijo de hombre, para que se arrepienta. ¿Dijo él, y no lo hará? ¿O ha hablado, y no lo hará bien?? **Números 23:19**

"Una vez que he jurado por mi santidad, no le mentiré a David. **Salmo 89:35**

"Levanta al pobre del polvo, al menesteroso lo levanta del montón de cenizas para que se sienten con los nobles, y hereden un sitio de honor, porque las columnas de la tierra son del SEÑOR, y él puso el mundo en ellos. "Él

mantiene los pies de Sus piadosos, Pero los malvados son silenciados en la oscuridad; Porque no con fuerza prevalecerá el hombre. "Los que contienden con el SEÑOR serán destrozados, contra ellos tronará en los cielos, juzgará el SEÑOR los extremos de la tierra, y dará fortaleza a su rey, y alzará el cuerno de su ungido"
1 Samuel 2: 8-10

DECRETO Y DECLARO PUNTOS DE ORACIÓN DE ACELERACIÓN DIVINA.

Lectura de la escritura: 1 Reyes 19. Confesión: Salmo 18:37.

Decreto y declaro, Señor, conectame con ayudantes divinos en el nombre de Jesucristo.

Decreto y declaro: Sean avergonzados todos los que odian mi prosperidad, en el nombre de Jesucristo.

Oh Señor, deja que todos mis problemas obstinados sean enterrados ahora y para siempre, en el nombre de Jesucristo.

Tú, el gigante Goliat de la imposibilidad en mi vida, cae y muere, en el nombre de Jesucristo.

Decreto y declaro, no moriré sin descubrir lo que Dios tiene preparado para mi, en el nombre de Jesucristo.

Decreto y declaro que no moriré sin haber sido usado ni reconocido en el nombre de Jesucristo.

Decreto y declaro que no moriré sin festejo ni pérdida en el nombre de Jesucristo.

Decreto y declaro que no moriré sin fruto ni insatisfecho en el nombre de Jesucristo.

Todo lo bueno que el enemigo ha tragado en mi vida, ser vomitado, en el nombre de Jesucristo.

La gente escuchará mis testimonios y glorificará el nombre de Dios en mi vida, en el nombre de Jesucristo.

Cualquier poder presionando mi cabeza hacia abajo, te sacudo en el fuego consumidor de Dios, en el nombre de Jesucristo.

Decreto y declaro, agentes satánicos, asignados para detenerme, los detengo antes de que me detengan en el nombre de Jesucristo.

El coma satánico o punto final, asignado a detenerme, desaparecer, en el nombre de Jesucristo.

Decreto y declaro, mi Opurtunidad no sera abortada, pincho tus poderes, en el nombre de Jesucristo.

Decreto y declaro, Cada altar de demora satánica, se prende por el fuego, en el nombre de Jesucristo.

Decreto y declaro, Mis tesoros escondidos, sepultados en secreto, salgan ahora, en el nombre de Jesucristo.

Decreto y declaro, Yugos asignados para frustrar mis esfuerzos, se rompern en el nombre de Jesucristo.

Decreto y declaro: ¿Dónde está el Señor Dios de Elías? muéveme al fuego, en el nombre de Jesucristo.

Decreto y declaro, aceite de gracia del cielo, bautiza mi cabeza, en el nombre de Jesucristo.

Decreto y declaro, los dedos malvados apuntando en contra de mi destino, se marchitan, en el nombre de Jesucristo.

Decreto y declaro: Cualquier cadena invisible en mis piernas, se quiebrea en el nombre de Jesucristo.

Decreto y declaro: Ungeme para la risa de la victoria, que caiga sobre mi vida, en el nombre de Jesucristo.

Decreto y declaro: Barreras y fortalezas erigidas para detenerme, son esparcidas ahora por el fuego, en el nombre de Jesucristo.

Decreto y declaro, Encantamientos anti-progreso y adivinación, son contraproducentes, en el nombre de Jesucristo.

Decreto y declaro: Todo poder que agrega lentitud a mi avance, muere, en el nombre de Jesucristo.

Decreto y declaro, Mi boca, recibo la unción del vencedor, en el nombre de Jesucristo.

Yo decreto y declaro: Tú eres el gran médico, sana mi raíz y el fundamento de mi destino, en el nombre de Jesucristo.

Decreto y declaro, Puertas antiguas, bloqueando mi risa, te prendes por el fuego, en el nombre de Jesucristo.

Decreto y declaro, Padre Mío, agranda mi costa a un grado sorprendente, en el nombre de Jesucristo.

Decreto y declaro: Mi Padre, mi Padre, aleja las tinieblas de mi entorno, en el nombre de Jesucristo.

Decreto y declaro, las cargas malvadas de la casa de mis padres, mueren, en el nombre de Jesucristo.

Decreto y declaro, Padre, dame una gloria que no se puede explicar y que no se puede dudar, en el nombre de Jesucristo.

Decreto y declaro: Cualquier pandilla demoníaca que planee robar mi risa, será deshonrada, en el nombre de Jesucristo.

Decreto y declaro, oh Dios, levantame y visita mi vida con bendiciones permanentes, en el nombre de Jesucristo.

Decreto y declaro, Padre, dame una victoria que no se puede disputar, en el nombre de Jesucristo.

Decreto y declaro: Mi vida deshonrará las puertas del infierno, en el nombre de Jesucristo.

Yo decreto y declaro, oh Dios, levántate, y cava la tumba de mi Hamaán y planea mi testimonio, en el nombre de Jesucristo.

Decreto y declaro, no extrañaré a mi Moisés, en el nombre de Jesucristo.

Decreto y declaro, Mi Padre, que mi máximo pasado se convierta en mi mínimo, en el nombre de Jesucristo.

Decreto y declaro: Hoy, dejo de lado una contienda maligna, en el nombre de Jesucristo.

Decreto y declaro: Cada distancia robada de mi vida por el enemigo, te embargo, en el nombre de Jesucristo.

Decreto y declaro: Deja que el veneno en mi cuerpo muera ahora, en el nombre de Jesucristo.

Decreto y declaro, Poder de bendiciones demoradas, muero ahora, en el nombre de Jesucristo.

Decreto y declaro: Todas las tumbas que cavaron para mí, traga a tu cavador, en el nombre de Jesucristo.

Decreto y declaro: Puertas antiguas que bloquean mi herencia, se rompen por el fuego, en el nombre de Jesucristo.

Decreto y declaro: Toda nube maligna sobre mi cabeza, sopla para siempre, en el nombre de Jesucristo.

Decreto y declaro, Todo Mar Rojo de imposibilidad, te partes, en el nombre de Jesucristo.

Yo decreto y declaro: Yo y los hijos que Dios me ha dado somos por señales y maravillas, en el nombre de Jesucristo. ISAÍAS 8:18.

Decreto y declaro: Cada obstáculo en mi vida, da paso a los milagros, en el nombre de Jesucristo.

Decreto y declaro, sostengo la sangre de Jesús contra la demora demoníaca de mis milagros, en el nombre de Jesucristo.

Padre mío, levántate por Tus signos y maravillas y visita mi vida, en el nombre de Jesucristo.

Como la salida del sol, oh Dios de las maravillas, surgen en mi vida, en el nombre de Jesucristo.

Oh Dios de signos y maravillas, Tú eres el cirujano celestial, tócame con Tu poder, en el nombre de Jesucristo.

Deje que el maravilloso poder de Dios se libere en mi situación en busca de señales y prodigios, en el nombre de Jesucristo.

Decreto y declaro, oh Señor, que todos mis problemas obstinados sean enterrados, en el nombre de Jesucristo.
Confesión: Salmo 91

Decreto y declaro, secuestradores de milagros, lanzo mis milagros, lanzo mis milagros ahora por fuego, en el nombre de Jesucristo.

Oh Dios, levántate y deja que mis cielos se abran ahora mismo, en el nombre de Jesucristo.

Padre mío, permite que tu intervención divina en mi vida lleve almas al reino de Dios, en el nombre de Jesucristo.

Decreto y declaro, alcanzaré mis objetivos antes de que mis enemigos sepan lo que está sucediendo, en el nombre de Jesucristo.

Decreto y declaro: cumpliré mi destino, le guste o no al enemigo, en el nombre de Jesucristo.

Decreto y declaro: Mis pasos serán ordenados por el Señor para cumplir mi destino, en el nombre de Jesucristo.

Decreto y declaro, que los huesos secos de mi destino cobren vida, en el nombre de Jesucristo.

Decreto y declaro: De ahora en adelante, emprenderé un viaje hacia los logros del destino en todas las ramificaciones, en el nombre de Jesucristo.

Decreto y declaro, corto el cordón umbilical espiritual a través del cual el mal fluye en mi destino, en el nombre de Jesucristo.

Decreto y declaro: No habrán malas palabras del sol, la luna y las estrellas que prosperarán en mi vida, en el nombre de Jesucristo.

Decreto y declaro, que se rompa la ley detrás de los muros obstinados, en nombre de Jesucristo.

Decreto y declaro: Toda ordenanza de ley que me atormenta, te ordeno que falles en el nombre de Jesucristo.

Decreto y declaro: Toda ley contraria a la palabra de Dios, te ordeno ser roto, en el nombre de Jesucristo.

Decreto y declaro: Toda instalación satánica asignada para hacerme retroceder, te dispersas, en el nombre de Jesucristo.

Cada tecnología satánica creada para drenar mi energía, te destruyo, en el nombre de Jesucristo.

Toda la información sobre mi vida en el archivo y la biblioteca satánica se disolverá por el poder de Dios, en el nombre de Jesucristo.

Oh Dios, dirige a los ángeles para que destruyan los archivos, las redes, los suministros de energía y las instalaciones que alimentan mis problemas, en el nombre de Jesucristo.

Cada Senacherib contra mí, cae por tu espada, en el nombre de Jesucristo.

Me convertiré en el ascenso de Dios, en el nombre de Jesucristo.

Deje que cada principio del cielo para mi vida se arraigue, en el nombre de Jesucristo.

Oh Señor, protege mi porción, en el nombre de Jesucristo.

Deja que tu gloria, oh Señor, hable por mí hoy, en el nombre de Jesucristo.

Deja que Tu poder, oh Señor, establezca mi promoción, en el nombre de Jesucristo.

Cambia mi identidad por la gloria, oh Señor, en el nombre de Jesucristo.

Decreto y declaro, oh Señor, que me honras con la provisión del cielo, en el nombre de Jesucristo.

Decreto y declaro, Señor, que debo liberar mi lengua para prosperar, en el nombre de Jesucristo.

Decreto y declaro: Todo lo bueno que toque prosperará y se convertirá en una cosecha, en el nombre de Jesucristo.

Decreto y declaro, recibo el manto para cosechar cosas buenas, en el nombre de Jesucristo.

Decreto y declaro, oh Señor, reúno mis porciones, en el nombre de Jesucristo.

Decreto y declaro: Mi promoción no debe ser llevada por error por el viento, en el nombre de Jesucristo.

Deja que mis palabras porten fuego divino, en el nombre de Jesucristo.

Oh Señor, envíame ayuda desde arriba, en el nombre de Jesucristo.

Yo suspendo todo misterio de opresión que trabaja a mi alrededor, en el nombre de Jesucristo.

Dentido tragado por el enemigo, es vomitado ahora, en el nombre de Jesucristo.

Cualquier hermano gemelo que recolecte mis bendiciones en el espíritu, libérame, en el nombre de Jesucristo.

Recupero mi vehículo robado del destino, en el nombre de Jesucristo.

Toco el borde de Tu prenda hoy Señor, en el nombre de Jesucristo.

Oh cielos, oh tierra, vomita cada hechizo contra mí, en el nombre de Jesucristo.

Cada conferencia de oscuridad contra mi destino, se dispersa, en el nombre de Jesucristo.

Cada carta satánica, vuelve a tus remitente, en el nombre de Jesucristo.

Yo declaro la guerra contra perseguidores obstinados, en el nombre de Jesucristo.

Cualquier cosa plantada en mí por el mal control remoto, sal ahora y muere, en el nombre de Jesucristo.

Ocultas flechas de maldad, salen ahora y mueren, en el nombre de Jesucristo.

Cada escoba y olla de oscuridad contra mi vida, se tuesta, en el nombre de Jesucristo.

Que los ejércitos del cielo emprendan guerra contra mis opresores, en el nombre de Jesucristo.

Oh tierra, vomita toda maldad contra mí, en el nombre de Jesucristo.

Decreto y declaro: que mi desgracia se convierta en gracia, en el nombre de Jesucristo.

Decreto y declaro: Todo poder que necesita morir para que mi testimonio se manifieste, muera, en el nombre de Jesucristo.

Decreto y declaro: Toda agenda de poderes burlones para mi vida, fracasa en el nombre de Jesucristo.

Decreto y declaro: Por el poder en la sangre de Jesús, recibo milagros que sorprenderán a mis amigos y sorprenderán a mis enemigos, en el nombre de Jesucristo.

Decreto y declaro: Por el poder que dividió el Mar Rojo, abre mi camino, en el nombre de Jesucristo.

Decreto y declaro: Por el poder que apedreó la cabeza de Goliat, deja que mis obstinados problemas mueran, en el nombre de Jesucristo.

Decreto y declaro: Por el poder que deshonró a Senacherub, que los malos covens reunidos contra mí se incendien, en el nombre de Jesucristo.

Decreto y declaro, por el poder que dividió el río Jordán, que mi extraordinario avance se manifieste, en el nombre de Jesucristo.

Decreto y declaro: Todo poder que se burla de mis oraciones, recibe doble destrucción, en el nombre de Jesucristo.

Oh Dios de Elías, levántate y haz de mí una maravilla misteriosa, en el nombre de Jesucristo.

Decreto y declaro: rompo la maldición del atraso y el estancamiento en mi vida, en el poderoso nombre de Jesucristo.

Decreto y declaro: Todo espíritu que bebe la sangre de mi bendición, te ato en el nombre de Jesucristo.

Decreto y declaro: reprendo a cada devorador en mi destino, familia y finanzas, en el nombre de Jesucristo.

Decreto y declaro: desmantelo cualquier poder que trabaje en contra de mi eficiencia, en el nombre de Jesucristo.

Yo decreto y declaro: Deja que las riquezas de los Gentiles sean transferidas a mí, en el nombre de Jesucristo.

Decreto y declaro, oh Señor, llévame a conectarme con aquellos que me favorecerán y bendecirán rápidamente en el nombre de Jesucristo.

Decreto y declaro: Que los imanes divinos de la prosperidad sean plantados en mis manos, en el nombre de Jesucristo.

Yo decreto y declaro, me levantaré y brillaré, me levantaré muy por encima de los incrédulos a mi alrededor, en el nombre de Jesucristo.

Decreto y declaro, Señor, que me conviertes en un punto de referencia de las bendiciones divinas, no una referencia para el fracaso en el nombre de Jesucristo.

Decreto y declaro, que la unción de excelencia caiga sobre mí, en el nombre de Jessucristo.

Decreto y declaro, que las señales y las maravillas aparezcan en mi vida, en el nombre de Jesucristo.

Decreto por fuego y trueno que no moriré antes de la manifestación de mis milagros, en el nombre de Jesucristo.

Decreto y declaro, no moriré por mis problemas, en el nombre de Jesucristo.

Decreto y declaro, no seré deshonrado, no seré degradado, no seré decepcionado, en el nombre de Jesucristo.

Deje que el fuego de Dios comience a atacar a todos los secuestradores de milagros asignados en contra de mi vida, en el nombre de Jesucristo.

Dios me ha hecho un producto de su posibilidad, nada bueno será imposible para mí, en el nombre de Jesucristo.

Toda maldición y pacto de imposibilidad sobre mi vida, quebrantado por el fuego, en el nombre de Jesucristo.

Oh Dios, levántate y envíame ayuda desde el santuario y fortaléceme de Sión, en el nombre de Jesucristo.

Decreto y declaro, que mi rescate y liberación sean anunciados desde el cielo, en el nombre de Jesucristo.

Todos los príncipes de Persia y todos los espíritus territoriales a mi alrededor, que están obstaculizando la manifestación de los milagros de Dios en mi vida, se dispersan, en el nombre de Jesucristo.

Poder contra el hechizo

Escritura: Hechos 8. Confesión: Isaías 54:17

Decreto y declaro, me rompo y me libero de toda forma de hechizo demoníaco de la tierra, en el nombre de Jesucristo.

Decreto y declaro: Toda flecha de opresión, disparada contra mi vida, regresa a tus remitentes, aléjate, en el nombre de Jesucristo.

Decreto y declaro: invoco a mi Lázaro desde la tumba de la brujería, en el nombre de Jesucristo.

Decreto y declaro: Todo poder que se traga la oportunidad divina, no soy tu víctima, muere, en el nombre de Jesucristo.

Decreto y declaro: Toda oposición malvada, confrontando mi destino, sea silenciada por el poder en la sangre de Jesús, en el nombre de Jesucristo.

Decreto y declaro, la agenda satánica para mi vida, muere, en el nombre de Jesucristo.

Cada hechizo contra el progreso, trabajando en contra de mi destino, será roto por el fuego, en el nombre de Jesucristo.

Decreto y declaro: Cada arma de desaliento y depresión, modelada contra mi vida, se prende fuego, en el nombre de Jesucristo

Decreto y declaro, Espíritu Santo, levanto y me conecto con aquellos que me bendecirán, en el nombre de Jesucristo.

Decreto y declaro, Fuego de Dios, visita cada caldero asignado contra mi vida, en el nombre de Jesucristo.

Decreto y declaro, Mi cuerpo, rehúsa cooperar con cada flecha de oscuridad, en el nombre de Jesucristo.

Decreto y declaro: Cada escoba de brujería, barriendo mis avances, se prende por el fuego, en el nombre de Jesucristo.

Yo decreto y declaro, cada esclavitud y hechizo, formado contra la escalera de mi destino, se rompe, en el nombre de Jesucristo.

Yo decreto y declaro, cada fabricante de yugo, apuntando a mi destino, muere con su yugo, en el nombre de Jesucristo.

Declaro y declaro, traidor de cosas buenas, en la casa de mi padre, no soy tu víctima, mueres, en el nombre de Jesucristo.

Decreto y declaro, Ángeles de Dios, esparcir a todos aquellos que traman el mal contra mi destino, en el nombre de Jesucristo.

Decreto y declaro: Todo dragón demoníaco, trabajando contra mi vida, cae y muere en el nombre de Jesucristo.

Yo decreto y declaro, cada arma de hechizo asignada en contra de mi éxito, sea asada, en el nombre de Jesucristo.

Decreto y declaro: Todos los espíritus de los bosques, el espíritu del desierto y el espíritu del cementerio, ahora ordeno que desaparezca de mi destino, en el nombre de Jesucristo.

Decreto y declaro, Mi destino, que salte de cualquier caldero de brujería, en el nombre de Jesucristo.

Decreto y declaro, Sangre de Jesús, fuego de Dios, flecha de Dios, pelea con mi Faraón, en el nombre de Jesucristo.

Decreto y declaro: Toda manipulación de mi destino y mis sueños en contra de mi éxito en la vida, será anulada por el fuego, en el nombre de Jesucristo

Decreto y declaro: Todo enemigo que se ha negado a dejarme ir, recibe la doble destrucción, en el nombre de Jesucristo.

Decreto y declaro, Mi cabeza, rechazo cada hechizo fundacional de la casa, en el nombre de Jesucristo.

La olla malvada de mi fundación, trabajando contra mi vida, se incendia, en el nombre de Jesucristo.

Cada flecha malvada de las vasijas malvadas, regresa a tus remitentes, en el nombre de Jesucristo.

Cualquier poder que diga que moriré en esta condición, eres un mentiroso, mueres, en el nombre de Jesucristo.

Toda mala asociación inconsciente, esparcete y líbrame, en el nombre de Jesucristo.

Por el poder en la sangre de Jesús, entro en mi destino profético, en el nombre de Jesucristo.

Oh cielos, oh tierra, vomita cada hechizo contra mí, en el nombre de Jesucristo.

Decreto y declaro, hablo al vientre de las aguas para liberar mis avances, por fuego, en el nombre de Jesucristo.

Decreto y declaro: el hombre fuerte de Faraón persiguiéndome, los entierro en el mar rojo, en el nombre de Jesucristo. (Éxodo 14)

Yo decreto y declaro, tomo las ruedas de sus carros, en el nombre de Jesucristo.

Decreto y declaro: Toda inversión satánica en mi vida, se desperdicia, en el nombre de Jesucristo.

Decreto y declaro, Mi vida, se levanta, y comienza a experimentar la aceleración divina, en el nombre de Jesucristo.

Decreto y declaro, Mi cabeza, rechaza toda manipulación y hechizo sobre la muerte prematura, en el nombre de Jesucristo.

DECRETO Y DECLARO LAS DERROTAS DE LAS FUERZAS ANTI-COSECHA EN EL NOMBRE DE JESUCRISTO.

ESCRITURAS: Mateo 12:28, Lucas 9: 1-2, Lucas 10:19, Hechos 10:38, Mateo 8:16, Génesis 1: 3, Juan 1: 1, Marcos 11:23, Salmo 107: 2, Mateo 8: 28-34, Mateo 12:29, Mateo 16:19, Romanos. 10:10, Romanos. 10:17, Salmo 17: 4, Juan. 14:23, John. 15: 7-8, Isaías 65:22.

Yo decreto y declaro, me opongo a los siguientes poderes en el poderoso nombre de Jesucristo.

El poder de sembrar pero no de cosechar.

El poder de cosechar pero no de disfrutar los frutos del trabajo propio.

Los poderes de los más vacíos.

Los consumidores de la cosecha.

Los poderes de los derrochadores.

El espíritu de destrucción financiera, profesional y familiar.

Yo decreto y declaro, que toda la maldad doméstica se ponga en fuga en el nombre de Jesucristo.

Decreto y declaro: Dejen que todas las fuerzas anti gloria se liberen de mi vida en el nombre de Jesucristo.

Decreto y declaro que me libero de la esclavitud de los bolsillos que gotean en el nombre de Jesucristo.

Decreto y declaro Deje que las siguientes ocurrencias se paralicen en mi vida en el nombre de Jesucristo.

Bendiciones resbaladizas

Vulnerabilidad espiritual

Imanes malvados

Fracaso al borde de los milagros / Casi allí pero nunca llegando a las fuerzas

Perseguidores malvados

Flechas de duda

Espíritu de la selva

Decreto y declaro: me niego a trabajar en vano en el nombre de Jesucristo.

Padre, haz todas mis propuestas / aplicaciones para encontrar el favor a los ojos de los hombres en el nombre de Jesucristo.

Señor, por favor, déjame encontrar el favor, la compasión y la bondad amorosa con estas actividades empresariales en el nombre de Jesucristo.

Que todos los obstáculos demoníacos que se han establecido en el corazón de alguien en contra de mi progreso, que Tu favor y prosperidad los destruya en el nombre de Jesucristo.

Señor, muéstrame sueños reveladores y una visión que promovería mi causa en el nombre de Jesucristo.

Decreto y declaro, ordeno que mi dinero no sea enjaulado por el enemigo, sino para que sea liberado por completo en el nombre de Jesucristo.

Señor, dame avances sobrenaturales en todas mis expectativas actuales y propuestas de negocios en el nombre de Jesucristo.

Ato y cancelo todo espíritu de miedo, fracaso, ansiedad y desaliento en el nombre de Jesucristo.

Señor, deja que la sabiduría divina caiga sobre todos los que me apoyan en mis esfuerzos en el nombre de Jesucristo.

Rompo la espina dorsal de cualquier espíritu de conspiración y traición en el nombre de Jesucristo.

Señor, pon mi problema en la mente de aquellos que me ayudarán para que no sufran pérdida demoníaca de la memoria en el nombre de Jesucristo.

Paralizo la obra de enemigos domésticos y agentes envidiosos en mi vida en el nombre de Jesucristo.

Yo decreto y declaro: "Demonio y agentes demoníacos", les ordeno ahora alejar sus piernas de la parte superior de mi carrera, de mi familia, de mis finanzas en el nombre de Jesucristo.

Señor, que el fuego del Espíritu Santo purgue mi vida de cualquier marca maligna que se ponga sobre mí en el nombre de Jesucristo.

Gracias al Señor por las oraciones contestadas.

CAPÍTULO 7

DECRETO Y DECLARA LOS ENEMIGOS NO PREVALECERÁN SOBRE MÍ EN EL NOMBRE DE JESUCRISTO

¡Sus Enemigos Caerán!

"En justicia serás establecido; estarás lejos de la opresión; Porque no temerás, y de terror; Porque no vendrá cerca de ti. He aquí, ciertamente se juntarán, pero no por mí: cualquiera que se reúna contra ti caerá por tu causa. "Isaías 54: 14-15.

Una palabra de aliento, fe y esperanza que no importa lo que venga contra ti, caerá y fracasará. Porque la palabra de Dios declara que eres más que un conquistador en Jesucristo.

Muchas veces la gente se preocupa tanto cuando está amenazada. A la gente le gusta tanto oír lo que la gente discute acerca de ellos. Sorprendentemente, es lo que escuchan lo que los hace perder el sueño, la paz de la mente, el enfoque, la felicidad y el propósito de la vida. Mientras vivas en la tierra, con la gente y siendo un ser humano más que un hijo de Dios, tendrás enemigos. Ahora mismo los tienes. Se reúnen para discutir el mal contra ti. Manipulan situaciones para que te caigas. No te preocupes. Todo se establece en justicia. Sus enemigos seguramente caerán, y no hay posibilidades, ni hay probabilidades de usted caiga.

Un enemigo es un adversario (adversario, antagonista), un adversario (oposición), un enemigo o un rival (contendiente, competidor). Así que cualquier cosa que se adapte a estas palabras es un enemigo. El fracaso es un enemigo, el pecado es un enemigo, la preocupación es un enemigo, el diablo es el enemigo más grande, cualquier cosa que se opone, desafíos, cualquier cosa que compite contra ti es un enemigo. Tienes más enemigos de lo que piensas, amigo mío, pero como el Señor vive, ciertamente fracasarán y caerán. La infructuosidad es un enemigo, la pobreza, la enfermedad, el estancamiento, la improductividad es un enemigo porque todo esto se opone al disfrute, a los propósitos y al verdadero significado de la vida. Todos estos enemigos de la vida caerán. Sin embargo, se reúnen contra ti, pero no con Dios, ni con la voluntad o consentimiento de Dios. No se reunirán en el éxito que caerá. Definitivamente caerán por tu bien. No pueden vencerte. Eres muy especial para Dios.

Los problemas pueden rodearte seriamente, se han reunido contra ti. La enfermedad puede reunirse con todos sus parientes contra ti. La preocupación y todos sus amigos pueden reunirse contra ti. Los espíritus malignos se juntarán contra ti. Brujas, hechiceros, satanistas, herbolarios, magos pueden reunirse en su contra. No te preocupes; No tengas miedo de su terror. No se mueva una pulgada. No se asuste, no se desespere. Sólo se establezca en justicia. Los enemigos de tu vida definitivamente caerán. Ellos fallarán. Cualquier cosa o alguien que se reúna contra Dios cae. Todos los que se reúnan con Dios serán más que vencedores.

Así que no te preocupes cuando las cosas comienzan a mostrar signos de no moverse bien. No te muevas cuando oyes a la gente recolectar contra ti. No se moleste si oye que se organizó una reunión para conspirar contra usted. Todo eso es una pérdida de tiempo. Sus enemigos caerán. Sólo di porque Dios no estaba allí, todo lo que acordaron no llegará a nada. Declara que todos mis enemigos caerán. Seguramente caerán. Nuestro Dios es Jehová Dios Todopoderoso. La Biblia dice que Él es un fuego consumidor. Nada puede superar sus obras y poder. Tus enemigos caerán en gran manera.

Alguien puede decir, pero este problema mató así y así. Esta cuestión es muy peligrosa y he oído que así y así fue seriamente atacado por ella. Incluso podría estar diciendo oh alguien fue incluso disparado de esa manera, alguien fue incluso herido de la misma manera. De acuerdo, solo digo que eran ellos y yo soy yo. Si eso les sucedióa ellos, este es otro momento llamado ahora. Si sucediera así y así. Yo no soy así y así. Soy un niño de Dios. Soy un ganador. Soy un vencedor. Eso no puede pasarme. Si Dios es por nosotros, que puede estar en contra de nosotros. Mi amigo no se deje intimidar por nadie ni nada. Nadie ni nada en la tierra, en el cielo arriba, ni bajo el mar tiene un derecho que te dañe, que te asuste y se reúna contra ti con mala intención. Su destino es volar alto como un águila, se niegese a convertirse en un pollo. Sus enemigos caerán. Caerán, no importa qué. Simplemente viva rectamente ante Dios.

Yo decreto y declaro en el nombre de Jesucristo, Isaías 54:15

He aquí, ciertamente se reunirán, pero no por mí: cualquiera que se reúna contra ti caerá por tu causa.

Traducción de la Biblia Darby

He aquí, ciertamente se reunirán, pero no por mí: cualquiera que se reúna contra ti caerá por causa de ti.

Yo decreto y declaro en el nombre de Jesucristo, Jeremías 15:20

Nueva Traducción Viviente

Ellos pelearán contra ti como un ejército atacante, pero yo te haré tan seguro como un muro fortificado de bronce. No te conquistarán, porque yo estoy contigo para protegerte y rescatarte. ¡Yo, el SEÑOR, he hablado!

Biblia Reina Valera

Y te pondré contra este pueblo como un muro de bronce; y pelearán contra ti, pero no prevalecerán contra ti; porque yo estoy contigo para salvarte y para entregarte, dice Jehová.

Yo decreto y declaro en el nombre de Jesucristo ... Jeremías 1:18 "He aquí yo os he puesto hoy como ciudad fortificada, como columna de hierro y como muros de bronce contra toda la tierra, a los reyes de Judá, A sus príncipes, a sus sacerdotes y al pueblo de la tierra. 19 "Ellos lucharán contra ti, pero no te derrotarán, porque yo estoy contigo para librarte", declara el Señor. Nueva Biblia Latinoamericana de Hoy

Decreto y declaro en el nombre de Jesucristo, Hechos 26:17 Yo te libraré de tu pueblo y de los gentiles. Te estoy enviando a ellos.

Yo decreto y declaro en el nombre de Jesucristo, Números 14: 9 "No os rebeléis contra Jehová, ni temáis al pueblo de la tierra, porque serán nuestra presa, y su protección les será quitada, Jehová está con nosotros, no les temas.

Decreto y declaro en el nombre de Jesucristo, Salmo 129: 2 "Muchas veces me han perseguido desde mi juventud, sin embargo, no han prevalecido contra mí.

Decreto y declaro en el nombre de Jesucristo, Jeremías 1: 8 "No tengas miedo de ellos, porque yo estoy contigo para librarte", declara el Señor.

Decreto y declaro en el nombre de Jesucristo, Jeremías 20:11 Pero el SEÑOR está conmigo como un pavoroso campeón; Por lo tanto, mis perseguidores tropezarán y no prevalecerán. Ellos estarán completamente avergonzados, porque han fracasado, con una desgracia eterna que no será olvidada.

Decreto y declaro: Todo poder que se junte contra ti y tu casa se dispersará en el nombre de Jesucristo.

Decreto y declaro: Ninguna arma formada contra ti prosperará. Y toda lengua que se levante contra ti en juicio será condenada en el nombre de Jesucristo.

Decreto y declaro en el nombre de Jesucristo, Salmo 68: 1 Que se levante Dios, que sus enemigos sean esparcidos, Y que los que le odian huyan delante de él.

Yo decreto y declaro en el nombre de Jesucristo, Isaías 60: 1 "Levántate, resplandece, porque ha llegado tu luz, y la gloria de Jehová ha resucitado sobre ti.

Yo decreto y declaro en el nombre de Jesucristo Salmos 132: 8 Levántate, oh SEÑOR, a tu lugar de reposo, tú y el arca de tu fortaleza.

Yo decreto y declare en el nombre de Jesucristo Números 10:35 Y aconteció que cuando el arca salió, Moisés dijo: Levántate, oh SEÑOR, y se dispersen tus enemigos, y huyan los que te aborrecen a Tí."

Decreto y declaro en el nombre de Jesucristo, Salmos 3: 7 Levántate, oh SEÑOR; Sálvame, oh Dios mío! Porque has herido a todos mis enemigos sobre la mejilla; Has destrozado los dientes de los impíos.

Yo decreto y declaro en el nombre de Jesucristo, Salmo 7: 6 Levántate, oh SEÑOR, en tu ira; Levántate contra la rabia de mis adversarios, y despierta a ti mismo por mí; Usted ha designado juicio.

Yo decreto y declaro en el nombre de Jesucristo, Salmos 9:19 Levántate, SEÑOR, no deje que el hombre triunfe; Que las naciones sean juzgadas delante de ti.

Decreto y declaro en el nombre de Jesucristo, Salmo 10:12 Levántate, oh SEÑOR; Oh Dios, levanta tu mano No olvides a los afligidos.

Decreto y declaro en el nombre de Jesucristo, Salmos 17:13 Levántate, oh SEÑOR, enfréntalo, tráelo; Libra mi alma de los impíos con tu espada,

Yo decreto y declaro en el nombre de Jesucristo, Salmos 44:26 Levántate, sálvanos, y redímenos por amor de tu misericordia.

Yo decreto y declaro en el nombre de Jesucristo, Salmo 74:22 Levántate, oh Dios, y aboga tu propia causa; Recuerda cómo te insulta el hombre estúpido durante todo el día.

Yo decreto y declaro en el nombre de Jesucristo, Salmo 82: 8 ¡Levántate, oh Dios, juzga la tierra! Porque eres tú quien posee todas las naciones.

Yo decreto y declaro en el nombre de Jesucristo, Salmo 94: 2 Levántate, Juez de la tierra, rinde recompensa a los soberbios.

Yo decreto y declaro en el nombre de Jesucristo, Ezequiel 3:12 Entonces el Espíritu me alzó, y oí un gran rumor detrás de mí: "Bendita sea la gloria de Jehová en Su lugar."

Yo decreto y declaro en el nombre de Jesucristo, Salmos 102: 13 Te levantarás y tendrás compasión de Sion; Porque es tiempo de tener misericordia de ella, porque ha llegado el tiempo señalado.

Decréo y declaro en el nombre de Jesucristo, Salmo 12:5 "Por causa de la devastación de los afligidos, por el gemido de los necesitados, ahora me levantaré", dice el SEÑOR; "Lo pondré en la seguridad que él anhela".

Yo decreto y declaro en el nombre de Jesucristo, Isaías 33:10 "Ahora me levantaré", dice el Señor, "Ahora seré exaltado, ahora seré levantado.

Yo decreto y declaro en el nombre de Jesucristo, Salmos 47:5 Dios ha subido con un grito, el SEÑOR, con el sonido de una trompeta.

Yo decreto y declaro en el nombre de Jesucristo, Isaías 31:2 pero también es sabio y traerá desastre, y no retractará sus palabras, sino que se levantará contra la casa de los malhechores y contra la ayuda de los obradores de iniquidad.

Decreto y declaro en el nombre de Jesucristo, Isaías 28:21 Porque el SEÑOR se levantará como en el monte Perazim, y será levantado como en el valle de Gabaón, para hacer su tarea, su inusual tarea, y para trabajar Su obra, Su trabajo extraordinario.

Yo decreto y declaro en el nombre de Jesucristo, Ezequiel 11:23 La gloria de Jehová subió de en medio de la ciudad y se paró sobre el monte que está al este de la ciudad. (Oh Señor, que tu gloria se levante para mí en esta tierra por mis posesiones y me exalte hasta la tierra más alta de la grandeza).

Decreto y declaro en el nombre de Jesucristo, Deuteronomio 28:7 "El Señor hará que tus enemigos que se levantan contra ti sean derrotados delante de tu rostro; Saldrán contra vosotros un camino y huirán delante de vosotros siete caminos.

"El nombre del Señor es una torre fuerte, los justos corren hacia ella y son salvos" (Proverbios 18:10)

Padre Señor, te agradezco por tu misericordia y gracia sobre mi vida, en el nombre de Jesucristo.

Cada yugo de pecado sobre mi vida; Ser removido por el poder en la sangre de Jesús, en el nombre de Jesucristo.

Cada altar fundacional, altares territoriales, altares tribales, altares nacionales, destinados a suprimir la luz de Dios en nuestras vidas, serán aplastados en polvo en el nombre de Jesucristo.

Que el fuego del Espíritu Santo encuentre el fundamento de mi destino y destruya todo pacto negativo y toda dedicación maligna, en el nombre de Jesucristo.

Espíritu Santo El fuego arde en mi ambiente, arranca tus enemigos y destruyelos, en el nombre de Jesucristo.

Deje que la sangre de Jesús fluya en mi familia y en el medio ambiente, en el nombre de Jesucristo.

Que el fuego del Espíritu Santo destruya el campamento de mis enemigos, en el nombre de Jesucristo.

Que el poderoso viento de Dios; Barra los planes de mis enemigos, en el nombre de Jesucristo.

Que las cabezas y tronos de las tinieblas en mi ambiente y nación; Sean destruidos, en el nombre de Jesucristo.

Que la destrucción caiga sobre las regalías demoníacas en mi ambiente, en el nombre de Jesucristo.

Yo desarraigo todo árbol maligno que crece en mi vida, en el nombre de Jesucristo.

Silencié todo el mal pronunciamiento, la predicción negativa y los decretos impíos proferidos o murmurado contra de mí y mi familia, en el nombre de Jesucristo.

Cualquier poder asignado para derribarme, se hinche estalle y muera, en el nombre de Jesucristo.

Todo ejército satánico asignado para destruirme será esparcido por el fuego hasta la destrucción, en el nombre de Jesucristo.

No me detendré; Mis enemigos serán detenidos, en el nombre de Jesucristo.

No moriré; Mis enemigos morirán, en el nombre de Jesucristo.

Yo no estaré atado; Mis enemigos serán atados, en el nombre de Jesucristo.

Quienquiera que cavare un hoyo contra mí, caerá en él, en el nombre de Jesucristo.

Cualquiera que junte fuego extraño contra mí, será quemado por ella, en el nombre de Jesucristo.

Todo lo que el enemigo haya concluido sobre mi vida y mi ambiente no pasará, en el nombre de Jesucristo.

Yo cancelo el mal acuerdo entre mis enemigos y los elementos, en el nombre de Jesucristo.

Me levanto y no caeré en el nombre de Jesucristo.

La luz de Dios en mí no se convertirá en tinieblas, en el nombre de Jesucristo.

Yo seré fructífero y me multiplicaré según los planes y propósito de Dios que me salvó, en el nombre de Jesucristo.

Tengo más gozo, paz, amor, y la justicia de Dios que me salvó, en el nombre de Jesucristo.

Estaré arriba y no debajo, en el nombre de Jesucristo.

Me niego a dormir el sueño de la muerte, en el nombre de Jesucristo.

El poder de someter a mis enemigos, venga sobre mi vida, en el nombre de Jesucristo.

Me libero de toda manipulación y contaminación, en el nombre de Jesucristo.

Que Dios se levante; Que todos los enemigos de mi destino y de mi familia sean esparcidos por el fuego por la fuerza, en el nombre de Jesucristo.

Cualquier poder que me llama a mí y a mi familia por el mal, cae y muere, en el nombre de Jesucristo.

Cualquier ritual y sacrificio hecho contra mí y mi familia nunca prosperarán, en el nombre de Jesucristo.

Padre, gracias Señor por responder mis oraciones, en el nombre de Jesucristo.

YO DECRETO Y DECLARO, NO MÁS RECHAZOS PARA MÍ, AFIRMO QUE ESTOY ESFORZADO EN EL NOMBRE DE JESUCRISTO.

Romanos 9:33 tal como está escrito, "HE AQUÍ, PONGO EN SIÓN UNA PIEDRA DE TROPIEZO Y UNA ROCA **DE OFENSA, Y EL QUE CREYERE EN ÉL NO SERÁ DECEPCIONADO".**

Isaías 28:16 Por tanto, así dice el Señor DIOS: "He aquí, estoy poniendo en Sión una piedra, una piedra probada, una piedra angular del cimiento costosa, firmemente colocada. El que en ella cree no será perturbado.

1 Pedro 2: 4-8 Este precioso valor, entonces, es para ustedes los que creen; pero para aquellos que no creen, "LA PIEDRA QUE LOS CONSTRUCTORES RECHAZARON, ESTO SE CONVIRTIÓ EN LA PIEDRA DE LA ESQUINA", y, "UNA PIEDRA DE TROPIEZO Y UNA ROCA DE OFENSA"; porque tropiezan porque son desobedientes a la palabra, y a esta perdición también fueron designados. Y viniendo a Él como a una piedra viviente que ha sido rechazada por los hombres, pero es optativa y preciosa a los ojos de Dios, lea más.

Job 38: 4-6 "¿Dónde estabas tú cuando puse los cimientos de la tierra? Dime, si tienes entendimiento, ¿Quién estableció sus medidas? ¿Ya sabes? ¿O quién estiró la línea sobre ella?" ¿Sobre cuáles fueron sus bases? hundido? O quién puso su piedra angular,

Isaías 28:16 Por tanto, así dice el Señor DIOS: "He aquí, estoy poniendo en Sión una piedra, una piedra probada, una piedra angular del cimiento costosa, firmemente colocada. El que en ella cree no será perturbado.

Hechos 4: 10-12 que se sepa a todos ustedes y a todo el pueblo de Israel, que por el nombre de Jesucristo, el Nazareno, a quien crucificaron, a quien Dios resucitó de entre los muertos, con este nombre este hombre aquí delante de ti con buena salud. "Él es la PIEDRA QUE FUE RECHAZADA por usted, LOS CONSTRUCTORES, pero QUE SE CONVIRTIÓ EN LA PIEDRA DE LA ESQUINA

PRINCIPAL." Y no hay salvación en nadie más; porque no hay otro nombre bajo el cielo que se haya dado entre los hombres por el cual debemos ser salvos ".

Efesios 2: 20-22 habiendo sido edificado sobre el fundamento de los apóstoles y profetas, Cristo mismo siendo la piedra angular, en quien todo el edificio, al estar juntos, se está convirtiendo en un templo santo en el Señor, en quien también se están construyendo juntos en una morada de Dios en el Espíritu.

Salmo 118: 22 La piedra que los constructores rechazaron se ha convertido en la principal piedra angular.

Zecarías 10: 6 Y fortificaré la casa de Judá, y salvaré la casa de José, y los haré volver, porque tendré compasión de ellos, y serán como si no los hubiera desechado; porque yo soy el SEÑOR su Dios, y los oiré.

Siempre que quiera "poseer su posesión" No importa la altura espiritual de la que haya caído, Dios está muy interesado en restaurarlo, si solo puede clamar a Él por misericordia.

Job 42: 10: "Y el Señor volvió el cautiverio de Job, cuando oró por sus amigos; también el Señor le dio a Job el doble de lo que tenía antes ".

"Es tarea del demonio robar, matar y destruir. (Juan 10:10). Su mayor diseño es destruir la imagen de Dios en el hombre. Él usará cualquier método.

La Biblia dice: "Cuando el seto se rompe, las serpientes morderán" (Eclesiastés 10: 8).

Muchos, por descuido, rompen la cobertura protectora que Dios ha colocado alrededor de sus vidas y propiedades. Por lo tanto, permiten que el enemigo lo destruya. La buena noticia es que lo que es asesinado, robado o destruido por el enemigo puede ser restaurado por Dios.

Jesús dijo: "Yo he venido para que tengas vida y vida en abundancia" (Juan 10:10).

Dios ha prometido en Joel 2:25 restaurarnos nuestros años perdidos. Todo lo perdido por el diablo será restaurado por Dios. Job perdió todo, pero al final todo le fue restaurado incluso en múltiples ocasiones. Mientras oras estos puntos de oración, el poder para la restauración se liberará en tu vida.

Jeremías 1:12: Entonces Jehová me dijo: Bien has visto, porque apresuraré mi palabra para cumplirla.

Joel 2: 25-26: Y te devolveré los años que comió la oruga, el saltón, el revoltón y la langosta, mi gran ejército que envié contra ti. Y comeréis en abundancia, y os satisfaréis, y alabaréis el nombre del SEÑOR vuestro Dios, que os ha obrado maravillosamente; y mi pueblo jamás se avergonzará.

Isaías 41: 18-20: Abriré ríos en lugares altos, y fuentes en medio de los valles; Haré del desierto un estanque de aguas, y la tierra seca, fuentes de aguas. Plantaré en el desierto el cedro, el árbol de Shittah, el mirto y el aceite. Pondré en el desierto el abeto, y el pino, y el árbol de la caja juntos: para que vean, y conozcan, y consideren, y entiendan juntos, que la mano del SEÑOR ha hecho esto, y el Santo de Israel lo ha creado.

Decreto y declaro, Señor, puertas abiertas de oportunidades para mí a través de esta oración, en el nombre de Jesucristo.

Decreto y declaro, recibo la unción de restauración en el nombre de Jesucristo.

Toda persona o personalidad que ha tomado lo que me pertenece; Les ordeno que lo suelten en el nombre de Jesucristo.

Los poderes que me niegan mis debidos milagros, reciben las piedras de fuego, en el nombre de Jesucristo.

Ato y arrojo a cada hombre fuerte de mi vida, familia o entorno que se niega a liberar mis bendiciones, avance, milagro, promoción o prosperidad en el nombre de Jesucristo.

Ato el espíritu de depresión, frustración y desilusión en mi vida, en el nombre de Jesucristo.

Ordeno que todas las fuerzas malvadas y desconocidas organizadas contra mi vida sean dispersadas, en el nombre de Jesucristo.

Paralizo toda actividad de parásitos físicos y espirituales y devoradores en mi vida, en el nombre de Jesucristo.

Recupero de las manos del enemigo cualquiera de mis posesiones que, sin saberlo, extravíe, en el nombre de Jesucristo.

Recupero todo el terreno que había perdido para el enemigo, en el nombre de Jesucristo.

Ordeno todos los daños hechos a mi vida y destino por. . . (elija de la lista) para ser reparado, en el nombre de Jesucristo.

Lengua malvada

Conspiraciones demoníacas

Hechizos y maldiciones

Confesiones negativas personales

Maldad en el hogar

Ordeno siete veces la restauración de todo lo que el enemigo me ha quitado, en el nombre de Jesucristo.

Fuego de Dios, consume el reloj malvado del enemigo que está trabajando en contra de mi vida, en el nombre de Jesucristo.

Oh SEÑOR, restaura mis años perdidos en el nombre de Jesucristo.

Señor, restaura mis esfuerzos desperdiciados, dinero, salud, fortaleza y bendiciones, en el nombre de Jesucristo.

Elimino de mi vida mediante el fuego todas las barreras a mis avances en el nombre de Jesucristo.

Arranco y destruyo de mi vida por el fuego del Espíritu Santo cada obstáculo a mi milagro, en el nombre de Jesucristo.

Rompo en pedazos cada cuerno que dispersa mis bendiciones, en el nombre de Jesucristo.

Destruyo todos los setos que el enemigo ha puesto sobre mis bendiciones para evitar que los reciba en mi vida, en el nombre de Jesucristo.

Cada poder maligno reteniendo mis oraciones, o las respuestas a mi oración, te ordeno que estés atado, en el nombre de Jesucristo.

Yo mando todas las puertas de las cosas buenas, cerradas en mi contra por el enemigo para ser abierto, en el nombre de Jesucristo.

Libero a mi ayudantes para que venga a mí ahora, en el nombre de Jesucristo.

Cada sombra de oscuridad que el enemigo ha arrojado sobre mí, para evitar que mi prosperidad, trabajo, contactos comerciales, ascensos o adelantos me localicen, los remuevo por fuego, en el nombre de Jesucristo.

Deje que todos los potenciales y regalos ocultos que me harán grande, que me han sido robados, sean restaurados 21 veces, en el nombre de Jesucristo.

Decreto la destrucción total sobre cada personalidad que ha prometido nunca liberarme cualquier cosa que Dios haya destinado para mí, en el nombre de Jesucristo.

Rompo en pedazos cada pacto o maldición que obstruye la restauración divina en mi vida, en el nombre de Jesucristo.

Árboles de problemas en mi vida, secos hasta las raíces, en el nombre de Jesucristo.

Paredes de oposición física y espiritual, caen según la orden de Jericó, en el nombre de Jesucristo.

Señor, haz que mi caso sea un milagro. Sorprende a mis enemigos, amigos e incluso a mí mismo, en el nombre de Jesucristo.

Con la sangre de Jesucristo, rompo todos los pactos que dan ventaja al enemigo para quitarme las bendiciones que Dios me ha dado, en el nombre de Jesucristo.

Cada maldad doméstica devorando las bendiciones que Dios Todopoderoso ha otorgado a mi vida y mi familia, te destruyo, en el nombre de Jesucristo.

Muera mi rey Uzías, para que pueda ver tu rostro, oh Señor, en el nombre de Jesucristo.

Yo mando una restauración de cien veces de todo lo que el enemigo me quitó cuando estaba débil, en el nombre de Jesucristo.

Destruyo con fuego todos los cuernos asignados para dispersar mi prosperidad, familia, negocios y posesiones, en el nombre de Jesucristo.

Derribo cada obstáculo en mi camino hacia el éxito, la promoción y la victoria, en el nombre de Jesucristo.

Todo lo bueno que Dios ha destinado para mí, pero está en posesión de otra persona, le ordeno que venga a mí ahora, en el nombre de Jesucristo.

Poseo el poder de perseguir, alcanzar y recuperar mis bienes de los egipcios espirituales, en el nombre de Jesucristo.

Deje que cada hechizo, maldiciones y conjuros demoníacos que se rinden contra mí se cancelen, en el nombre de Jesucristo.

Señor, sana todas las heridas y balas espirituales que se produzcan por los ataques del enemigo en el nombre de Jesucristo.

Padre, oro, elimina a cualquier persona o personalidad que se siente en mis bendiciones, milagros, avances, prosperidad, finanzas, buen trabajo, en el nombre de Jesucristo.

Todas mis posesiones en el norte, sur, este u oeste, les ordeno que vengan a mí ahora, en el nombre de Jesucristo.

Todas mis posesiones en el reino espiritual, las libero en lo físico por fuego, en el nombre de Jesucristo.

Recibo una restauración de cien veces de todo lo que he perdido, en el nombre de Jesucristo.

Recibo una restauración de cien veces de todo lo que el enemigo me robó, en el nombre de Jesucristo.

Decreto y declaro Señor, dame poder para un nuevo comienzo en el nombre de Jesucristo.

DECRETO Y DECLARO SEGUIMIENTO, PASO A VENCER Y RECUPERAR TODO EN EL NOMBRE DE JESUCRISTO

Escritura: 1 Samuel 30. Confesiones: Salmos 18:37.

El Señor ordena ruidos terroríficos en el campamento de los enemigos de las buenas nuevas en mi vida en el nombre de Jesucristo. (2 Reyes 7: 6-7).

Yo ordeno que todo embargo satánico sobre mi bondad y prosperidad sea dispersado a pedazos irreparables, en el nombre de Jesucristo.

Deje que todas las puertas de ataque a mi progreso espiritual se cierren, en el nombre de Jesucristo.

Espíritu Santo, prepárame fuego para Dios en el nombre de Jesucristo.

Ordeno que todos mis beneficios encarcelados sean liberados, en el nombre de Jesucristo.

Señor ungeme para derribar las fortalezas negativas que se oponen a mí, en el nombre de Jesucristo.

Que el fuego del trueno de Dios derribe todas las fortalezas demoníacas fabricadas contra mí en el nombre de Jesucristo.

Señor ungeme con el poder de perseguir, alcanzar y recuperar mis propiedades robadas del enemigo en el nombre de Jesucristo.

Señor desbarata a todos los consejeros y consejos malvados contra mi en el nombre de Jesucristo.

El enemigo no tendrá un escondite en mi vida en el nombre de Jesucristo.

Que todos los caminos bloqueados de prosperidad se abran en el nombre de Jesucristo.

Le ordeno al diablo que quite sus piernas de mis finanzas en el nombre de Jesucristo.

Paralizo todo espíritu de Goliat con las piedras de fuego en el nombre de Jesucristo.

Le ordeno a cada vehículo de transporte demoníaco que cargue mis beneficios que se paralice, en el nombre de Jesucristo.

Recibo el poder de perseguir a cada obstinado y perseguirlo en el mar rojo, en el nombre de Jesucristo.

Deje que el mandato otorgado a cada ladrón de mi bendición sea nulo y sin efecto, en el nombre de Jesucristo.

Oh Señor, dame el Moisés para enfrentar a mi Faraón y al David para enfrentar a mi Goliat en el nombre de Jesucristo.

Que las ruedas de todos los que persiguen carros malvados sean charlados, en el nombre de Jesucristo.

Persigo y adelanto a todas las fuerzas de la maldad familiar y recupero de ellos mis artículos robados, en el nombre de Jesucristo.

Que las bendiciones, la bondad y la prosperidad me persigan y me alcancen, en el poderoso nombre de Jesucristo.

Le ordeno a todas mis propiedades capturadas por ladrones espirituales en el sueño que se vuelvan demasiado calientes para manejarlas y que vuelvan a mí, en el nombre de Jesucristo.

Yo decreto que cada palabra que sale de mi boca cuando oro hoy debe ser cumplida en el nombre de Jesucristo.

Libero el favor de Dios sobre mi vida en el nombre de Jesucristo.

Recibo la unción de restauración en el nombre de Jesucristo.

Ordeno la restauración total de todas las cosas que he perdido en el nombre de Jesucristo.

Toda persona o personalidad que ha tomado lo que me pertenece; Les ordeno que lo suelten en el nombre de Jesucristo.

Ato y arrojo a cada hombre fuerte de mi vida, familia o entorno que se niega a liberar mis bendiciones, avance, milagro, promoción o prosperidad en el nombre de Jesucristo.

Recupero de las manos del enemigo cualquiera de mis posesiones que, sin saberlo, extravíe, en el nombre de Jesucristo.

Ordeno siete veces la restauración de todo lo que el enemigo me ha quitado, en el nombre de Jesucristo.

Oh SEÑOR, restaura mis años perdidos en el nombre de Jesucristo.

Señor, restaura mis esfuerzos desperdiciados, dinero, salud, fortaleza y bendiciones, en el nombre de Jesucristo.

Elimino de mi vida mediante el fuego todas las barreras a mis avances en el nombre de Jesucristo.

Yo desarraigo y destruyo de mi vida por el Espíritu Santo disparando cada obstáculo a mi milagro, en el nombre de Jesucristo.

Rompo en pedazos cada cuerno que dispersa mis bendiciones, en el nombre de Jesucristo.

Destruyo todos los setos que el enemigo ha puesto sobre mis bendiciones para evitar que los reciba en mi vida, en el nombre de Jesucristo.

Cada poder maligno reteniendo mis oraciones, o las respuestas a mi oración, te ordeno que estés atado, en el nombre de Jesucristo.

Libero a mi ayudante para que venga a mí ahora, en el nombre de Jesucristo.

Cada sombra de oscuridad que el enemigo ha arrojado sobre mí, para evitar que mi prosperidad, trabajo, contactos comerciales, ascensos o adelantos me localicen, lo remuevo por fuego, en el nombre de Jesucristo.

Decreto la destrucción total sobre cada personalidad que ha prometido nunca liberarme cualquier cosa que Dios haya destinado para mí, en el nombre de Jesucristo.

Rompo en pedazos cada pacto o maldición que obstruye la restauración divina en mi vida, en el nombre de Jesucristo.

Con la sangre de Jesucristo, rompo todos los pactos que dan ventaja al enemigo para quitarme las bendiciones que Dios me ha dado, en el nombre de Jesucristo.

Cada maldad doméstica devorando las bendiciones que Dios Todopoderoso ha otorgado a mi vida y mi familia, te destruyo, en el nombre de Jesucristo.

Yo mando una restauración de cien veces de todo lo que el enemigo me quitó cuando estaba débil, en el nombre de Jesucristo.

Destruyo con fuego todos los cuernos asignados para dispersar mi prosperidad, familia, negocios y posesiones, en el nombre de Jesucristo.

Derribo cada obstáculo en mi camino hacia el éxito, la promoción y la victoria, en el nombre de Jesucristo.

Todo lo bueno que Dios ha destinado para mí, pero está en posesión de otra persona, le ordeno que venga a mí ahora, en el nombre de Jesucristo.

Padre, oro, elimine a cualquier persona o personalidad que se siente en mis bendiciones, milagros, avance, prosperidad, finanzas, ofertas de trabajo, en el nombre de Jesucristo.

Ordeno que mis bendiciones y posesiones vengan a mí desde donde están ahora, en el nombre de Jesucristo.

Todas mis posesiones en el norte, sur, este u oeste, les ordeno que vengan a mí ahora, en el nombre de Jesucristo.

Todas mis posesiones en el reino espiritual, las libero en lo físico por fuego, en el nombre de Jesucristo.

Recibo una restauración de cien veces de todo lo que he perdido, en el nombre de Jesucristo.

Recibo una restauración de cien veces de todo lo que el enemigo me robó, en el nombre de Jesucristo.

Gracias a Dios por las respuestas a tus oraciones.

DECRETO Y DECLARO MILAGROS EXTRAORDINARIOS CON SEÑALES Y MARAVILLAS POR LA MANO DE DIOS EN EL NOMBRE DE JESUCRISTO.

Lee Génesis 49. CONFESIÓN: Jeremías 29:11: "Porque conozco los pensamientos que pienso acerca de ti, dice el Señor, pensamientos de paz y no de mal, para darte un futuro y una esperanza"

Decreto y declaro, Oh Señor, da un milagro que me hará olvidar mis problemas pasados, en el nombre de Jesucristo.

Decreto y declaro, cada poder que odia verme reír, esparcido, en el nombre de Jesucristo.

Decreto y declaro, cada poder que monitorea mi destino para el mal, se seca, en el nombre de Jesucristo.

Decreto y declaro, mi Padre, cambie la regla por mi bien, como Efraín, en el nombre de Jesucristo.

Decreto y declaro, oh Dios de Elías, me presento, defraudo a mis enemigos matrimoniales, en el nombre de Jesucristo.

Decreto y declaro, cada raíz de los sueños malvados que me atacan, se secan, en el nombre de Jesucristo.

Decreto y declaro, cada problema de la noche, me inclino ante el nombre de Jesucristo.

Decreto y declaro, Ángeles de Dios, dispercen todos los complots contra mi destino, en el nombre de Jesucristo.

Decreto y declaro, cada dragón demoníaco, trabajando en contra de mi vida, muere, en el nombre de Jesucristo.

Decreto y declaro, terror de la noche, esparcete ante mí, en el nombre de Jesucristo.

Decreto y declaro, tengo dominio sobre cada desafío satánico, en el nombre de Jesucristo.

Decreto y declaro que enfrento cada desafío de brujería por el poder de Dios, en el nombre de Jesucristo.

Yo decreto y declaro, tú opresor y tu arma, ahogate en tu propio Mar Rojo, en el nombre de Jesucristo.

Decreto y declaro: cancelo toda arma de desaliento, en el nombre de Jesucristo.

Decreto y declaro, Espíritu Santo, me levanto y me conecto con aquellos que me bendecirán, en el nombre de Jesucristo.

Decreto y declaro, Fuego de Dios, destruye la ceguera y la oscuridad en mi vida, en el nombre de Jesucristo.

Decreto y declaro, mi cuerpo, rehúso cooperar con cada flecha de la oscuridad, en el nombre de Jesucristo.

Decreto y declaro, cada escoba de brujería, barriendo mis bendiciones, muere, en el nombre de Jesucristo.

Decreto y declaro, cada fabricante de yugo, muere con tu yugo, en el nombre de Jesucristo.

Decreto y declaro, toda inversión satánica en mi vida, será desperdiciada, en el nombre de Jesucristo.

Decreto y declaro, permito que mi vida experimente la aceleración divina, en el nombre de Jesucristo.

Decreto y declaro, cada embarazo satánico para mi vida, muere, en el nombre de Jesucristo.

Decreto y declaro, Tragador de mis avances, muere, en el nombre de Jesucristo.

Decreto y declaro, cada mal asociación inconsciente, me suelta y se esparce, en el nombre de Jesucristo.

Yo decreto y declaro, cada flecha de opresión, levante, en el nombre de Jesucristo.

Decreto y declaro: invoco a mi Lázaro desde la tumba de la brujería, en el nombre de Jesucristo.

Decreto y declaro, cada poder que traga oportunidades divinas, muere, en el nombre de Jesucristo.

Decreto y declaro que todo enemigo que se haya negado a dejarme ir recibirá doble destrucción en el nombre de Jesucristo.

Decreto y declaro, velas malvadas e incienso en mi contra, son contraproducentes, en el nombre de Jesucristo.

Decreto y declaro, cada flecha de rituales y sacrificios, son contraproducentes, en el nombre de Jesucristo.

Decreto y declaro, entro en mi destino profético, en el nombre de Jesucristo.

Decreto y declaro, hablo al vientre de las aguas para liberar mis avances, en el nombre de Jesucristo.

Decreto y declaro: Faraón y sus ejércitos carros persiguiéndome, los entierro en el Mar Rojo, en el nombre de Jesucristo.

Decreto y declaro: tomo las ruedas de su carro, en el nombre de Jesucristo.

Decreto y declaro que corté la misión de Judas Iscariote de mi destino, en el nombre de Jesucristo.

Decreto y declaro, oh Señor, respira sobre mí por tu gloria, en el nombre de Jesucristo.

CONFESIÓN: Lucas 4:18: "El Espíritu del Señor está sobre mí, porque me ha ungido para predicar el evangelio a los pobres; me ha enviado a sanar a los quebrantados de corazón, a predicar la liberación a los cautivos y la vista a los ciegos, a poner en libertad a los que están heridos ".

Yo decreto y declaro, cada malvado control sobre mi vida, suelta tu control, en el nombre de Jesucristo

Decreto y declaro, fuego del Espíritu Santo, destruyo toda vestidura de oprobio, en el nombre de Jesucristo.

Decreto y declaro que cada enemigo obstinado experimente a Dios como un ser poderoso y terrible, en el nombre de Jesucristo.

Decreto y declaro, oh Señor, trae milagros en mi vida de maneras que mis enemigos no pueden encontrar, en el nombre de Jesucristo.

Decreto y declaro, así como la tumba no puede retener a Jesús, ninguna tumba tendrá mi milagro, en el nombre de Jesucristo.

Yo decreto y declaro, recibo fuego para apagar cada oposición satánica, en el nombre de Jesucristo.

Decreto y declaro, mi prosperidad no dependerá de las lenguas de los hombres, en el nombre de Jesucristo.

Decreto y declaro, oh Señor, dame el fuego que mata a la muerte, en el nombre de Jesucristo.

Decreto y declaro, oh Señor, purga mi vida con fuego, en el nombre de Jesucristo.

Decreto y declaro, Señor, pon tus manos sobre mí y apaga todas las rebeliones, en el nombre de Jesucristo.

Decreto y declaro, fuego del Espíritu Santo, quema todo lo que no es santo en mi vida, en el nombre de Jesucristo.

Decreto y declaro, oh Señor, que tu fuego genere poder en mi vida, en el nombre de Jesucristo.

Decreto y declaro, cada programa de fracaso formado contra mi destino, muere, en el nombre de Jesucristo.

Decreto y declaro que todo plan de brujería contra mí se desmorona en el nombre de Jesucristo.

Decreto y declaro, cada pájaro malvado se traga mi dinero, se cae y muere, en el nombre de Jesucristo.

Yo decreto y declaro, cada flecha de pobreza, regrese a su remitente, en el nombre de Jesucristo.

Yo decreto y declaro, cada serpiente y escorpión de la pobreza, mueren, en el nombre de Jesucristo.

Decreto y declaro, me niego a ser el lecho de la pobreza, en el nombre de Jesucristo.

Decreto y declaro, echo fuera el espíritu del caracol de mis finanzas, en el nombre de Jesucristo.

Decreto y declaro, ato cada palabra malvada hablada en contra de mi prosperidad, en el nombre de Jesucristo.

Decreto y declaro, oh Señor, reorganizar mi situación para favorecerme, en el nombre de Jesucristo.

Decreto y declaro, oh Señor, reorganizar mi situación para glorificar tu nombre, en el nombre de Jesucristo.

Decreto y declaro, oh Señor, reorganizar mi situación para derrotar y deshonrar a mis enemigos, en el nombre de Jesucristo.

Yo decreto y declaro, oh Señor, habla vida a mis huesos secos, en el nombre de Jesucristo.

Decreto y declaro, oh Señor, que hablo de liberación a cualquier situación de esclavitud en mi vida, en el nombre de Jesucristo.

Decreto y declaro, oh Señor, que hablo con claridad sobre cada situación turbia en mi vida, en el nombre de Jesucristo.

Decreto y declaro, determino el destino de mi entorno por la sangre de Jesucristo.

Decreto y declaro, pronuncio la muerte a cada enfermedad, en el nombre de Jesucristo.

Yo decreto y declaro, cada flecha de aflicción, regrese por el camino que vino, en el nombre de Jesucristo.

Decreto y declaro, recupero cada oportunidad perdida por la sangre de Jesucristo.

Decreto y declaro, ordeno mis beneficios extranjeros para ubicarme, en el nombre de Jesucristo.

Yo decreto y declaro, pájaros malvados, reciban la flecha de fuego, caen y mueren, en el nombre de Jesucristo.

Decreto y declaro, brujería, oposición, reciban la lluvia de aflicción, en el nombre de Jesucristo.

Decreto y declaro: Mi prosperidad no se convertirá en historia mientras viva, en el nombre de Jesucristo.

CONFESIÓN: Salmos 91

Decreto y declaro, el viento de la imposibilidad no soplará en mi dirección, en el nombre de Jesucristo.

Yo decreto y declaro, tu río de la imposibilidad que fluye cerca y alrededor de mí, sécate ahora, en el asombroso nombre de Jesucristo.

Decreto y declaro: recibo la fuerza del Señor para saltar sobre el muro de la imposibilidad, en el nombre de Jesucristo.

Decreto y declaro, cada Mar Rojo de imposibilidad, se parte, en el nombre de Jesucristo, decreto y declaro: ustedes, ángeles de la posibilidad y el éxito, comiencen a ministrarme, en el asombroso nombre de Jesucristo.

Yo decreto y declaro, con Dios de mi lado, nada bueno será imposible para mí, en el asombroso nombre de Jesucristo.

Decreto y declaro, alcanzaré mis metas antes de que mis enemigos sepan lo que está sucediendo, en el nombre de Jesucristo.

Decreto y declaro que cumpliré mi destino, le guste o no al enemigo, en el nombre de Jesucristo.

Decreto y declaro, mis pasos serán ordenados por el Señor para cumplir mi destino, en el nombre de Jesucristo.

Decreto y declaro, de ahora en adelante, me embarco en un viaje hacia los logros del destino en todas las ramificaciones, en el nombre de Jesucristo.

Yo decreto y declaro, Restauración divina de Posicionamiento y Gloria brillante en el asombroso nombre de Jesucristo.

Decreto y declaro: ¡Oh, Señor, sácame del suelo donde he caído y, por favor, ponme en la cima de la montaña otra vez en el asombroso nombre de Jesucristo!

Decreto y declaro, estoy listo para levantarme y brillar. Me levantaré y brillaré en lo maravilloso de Jesucristo.

Decreto y declaro, rechazo la parada del autobús satánico del estancamiento por fuego en lo increíble de Jesucristo.

¿Dónde está el Señor Dios de Elías? Levántate, vence a todas las fuerzas de demora en mi vida en el nombre de Jesucristo.

Decreto y declaro: Mi gloria no se marchitará, mi prosperidad no se desvanecerá en el nombre de Jesucristo.

Decreto y declaro: ¡Oh Señor, corona mis esfuerzos con maravilloso testimonio para la gloria de DIOS su santo nombre, en el nombre de Jesucristo!

Yo decreto y declaro, cada Acab dentro y alrededor de mí será deshonrado en el nombre de Jesucristo.

Decreto y declaro, todo poder contrario que domina mi vida se dispersa en el nombre de Jesucristo.

Yo decreto y declaro, el rechazo de las fuerzas, suceden y caen, en mi raíz mueren en el asombroso nombre de Jesucristo.

Decreto y declaro: el espíritu de rechazo sobre mí será destruido por la sangre de Jesucristo.

Querido Padre en el cielo, en sí mismo, esta botella de aceite es solo aceite. Pero te pido, Padre, en el nombre del Señor Jesucristo, unge este aceite que tengo en mis manos. Ungelo y sepáralo para Tus propósitos sagrados. Hazlo santo aceite de la unción. Por favor, Señor, úsala para tu propia gloria, Padre. De acuerdo con Tu Palabra en Marcos

6:13 y Santiago 5:14, úsalo para hacer que aquellos en quienes se aplica sanen, curen, que su recuperación sea rápida y fuerte y jovial yo decreto y declaro que cada enfermedad y enfermedades sean tomadas lejos de ellos.

Padre, pido que, como este aceite y pañuelo se ha separado en este momento para propósitos santos y consagrados, haga que baje tu gloria y derrame tus milagros. Donde sea que se coloque este aceite y pañuelo, que se conviertan en herramienta instrumental en la mano del Espíritu Santo para convertir las tinieblas en luz, convirtiendo cada carencia en abundancia, convirtiendo las ataduras en libertades, convirtiendo cada yugo de satanás en desaparecido, convirtiendo la enfermedad en curación, dejará y Habrá una restauración maravillosa de cualquier bendición satánica y aumento en la fecundidad con milagros extraordinarios en el nombre de Jesucristo.

Padre, te agradezco que este pañuelo sea bendecido y ahora sea una herramienta sobrenatural para las señales y maravillas, y esta botella de aceite de oliva ahora es aceite de la santa unción. En el nombre de Jesucristo, oro, Amén.

EL AUTOR, DR. ABRAHAM PETERS

El Dr. Abraham Peters es un apóstol / profeta, un predicador de múltiples talentos, mentor de liderazgo, distinguido autor, educador erudito, consultor y consejero que aborda temas críticos que afectan la gama completa del desarrollo humano, social y espiritual. El tema central de su mensaje es el desarrollo del liderazgo mediante el descubrimiento del destino y el propósito personal y la creación de capacidad mediante la capacitación intensiva de capacitadores y la maximización del potencial individual mediante la transformación del seguidor en líderes eficientes y eficaces; con la misión principal de revivir a los santos y rescatar a los pecadores, tomando la palabra de Dios como la antorcha resplandeciente de la luz del evangelio hacia la oscuridad en todas las comunidades y países del mundo, en un espíritu de amor y excelencia.

Él cree que cumplir el propósito de Dios y mejorar tu vida requiere más que palabras inspiradoras, conceptos religiosos y motivacionales, que demasiados libros te dan grandes ideas pero no te muestran cómo aplicarlos. Lo que necesita y lo que proporciona el Dr. Abraham son pasos prácticos comprobados para las acciones que funcionan, cada uno diseñado para ayudarlo a resolver un problema o desafío específico de la vida. Escribe libros para una variedad de personas hambrientas de crecimiento espiritual, cambio positivo y dispuesto a tomar medidas para que esto suceda, hombres y mujeres que desean mejores relaciones, una mayor confianza, hábitos positivos, un caminar más profundo con Dios y una mejor inteligencia emocional y social. Lo que hace que los libros del Dr. Abraham Peters sean diferentes es su capacidad para explicar ideas y estrategias complejas de una manera muy sencilla y accesible que puede implementar de inmediato.

El compromiso del Dr. Abraham Peters de enseñar la Palabra de Dios completa lo convierte en un orador y escritor muy solicitado. Su pasión por alcanzar a los creyentes perdidos y alentadores en su fe se demuestra a través de su comunicación fiel de verdades bíblicas sólidas. Se graduó como Doctor en Epidemiólogo y Consultor Público de Salud Global. En el ministerio, obtuvo la licencia de Ministro Ordenado con Doctor en Divinidad en Teología. Él es el Obispo Presidente de Casa del Poder de los Ganadores, la Casa de Oración de Todas las Naciones, Ministerios Proféticos Internacionales.

El Dr. Abraham Peters está desempeñando el papel de un Apóstol / Profeta y está sonando como una voz clara en esta temporada que es hora de que el pueblo de Dios se despierte de su sueño y se duerma a través de las Conferencias del Gran Despertar Oración y Alabanza Profética Conferencia de Fuego de Alabanza. Él tiene y sigue ministrando en Iglesias y Conferencias. Ha publicado varios libros que se destacan por su simplicidad nítida, principios bíblicos equilibrados, espiritualmente sanos y prácticos. Le gusta pasar tiempo con su familia.

Puede conectarse con el Dr. Abraham Peters en la página de Me gusta de Facebook (@Dr. Abraham Peters), Twitter (@ApostleAbPeters), YouTube (@Abraham Peters) y en Instagram (@ApostleDr Ab-Peters). Correo electrónico: abrahampeters@rocketmail.com